文史哲學集成

張壽安著

龔自珍學術思想研究

文史哲出版社印行

國家圖書館出版品預行編目資料

龔自珍學術思想研究 / 張壽安著. -- 初版. --
臺北市 : 文史哲, 民 86
面 ; 公分. --（文史哲學集成 ; 380）
參考書目 : 面
ISBN 957-549-067-3 (平裝)

1. (清) 龔自珍 - 學術思想 -哲學 2. 哲學
- 中國 - 清(1644-1912)

127.69 86004083

文史哲學集成 ⑳

龔自珍學術思想研究

著者：張壽安
出版者：文史哲出版社
登記證字號：行政院新聞局版臺業字五三三七號
發行人：彭正雄
發行所：文史哲出版社
印刷者：文史哲出版社
台北市羅斯福路一段七十二巷四號
郵撥〇五一二八八一二彭正雄帳戶
電話：三五一一〇二八

實價新台幣二四〇元

中華民國八十六年四月初版

ISBN 957-549-067-3

龔自珍學術思想研究 目次

出版前言

這本《龔自珍學術思想研究》是我就讀臺灣大學中文研究所時撰寫的碩士論文，原名是《龔定菴學術思想研究》。其中治經態度、常州公羊學、尊史思想三章，於碩士論文通過後，即發表在《書目季刊》（67.：3；67.：12；68.：12），經世思想則發表在《漢學研究》（84.：6）。

這次出版，我做了一些資料上的補充和文字上的修整。但基本上，仍然保持原作的面貌。這是因為當年在撰寫這篇論文時，我對清代學術思想的研究提出過許多疑問，也在閱讀資料間，匯聚出一些頗具創意的研究題目。這些靈感與深思，都蘊積鐫刻在各各章節的字裡行間。我希望保留住這點點滴滴的心得，以備將來進一步探討時，作為參考。

多年前的作品，今日能夠以書的面貌問世，要感謝的人很多。業師何佑森先生，堪稱首位全力推展清代學術研究的學者。一九七五年我問學於何師時，何師說清學是一片處女地，又位居中國近代進程的關鍵，鼓勵我研究清學。於是我就以龔自珍為題，進入了清學的研究領域。龔自珍的文字十分難懂，當年在閱讀資料時，輔仁大學劉光義教授每週抽出兩小時為我逐字逐句解讀，這份情誼，至今仍感念在心。論文每寫完一章，學長林麗眞教授、古清美教授即爲我仔細閱讀，並指出佳處與疏漏處，使我在寫論文的苦況中，不時感受到回應與鼓勵。這份溫暖，是支持我敢於自信下筆的動力。羅聯添教授當時主編《書目季刊》，我的論文甫通過口試，羅老師就分篇在季刊上發表。此事，對我日後學術生涯的開展，有極大助益。而王爾敏教授對此書的肯定、劉廣京院士引用作爲教材、以及汪榮祖教授期許我再寫一本「龔魏合論」，都對我的研究產生很大鼓勵作用。請容我在此一併致謝。文哲所林慶彰教授的支持、和鍾彩鈞教授的介紹，更直接促成了此書的出版。同事張秋雯小姐悉心校對全書，不僅逐字對查原文，更統一註釋之格式及人物之稱謂，糾誤補漏，堪稱責任編輯，這份情義，令我十分感動，謹此致謝。最後要感謝文史哲出版社負責人彭正雄先生慨然應允出版此書。記得我與彭先生接洽時曾說：這種學術性的書，恐難暢銷。而彭先生卻答：雖不暢銷，卻能長銷。這份豪情與對學術的執著信念，令人贊佩。

龔自珍是近代思想史上的重要人物，這本書只是我個人研究的一個開端，錯誤之處在所難免，尚請學者專家指正。

張壽安　於南港中央研究院

一九九六年十月廿九日

緒　論

嘉道之際，乃清廷盛極而衰之關鍵。乾隆六十年太平盛世下所潛藏的危機，至嘉道以降遂漸一一呈現。和珅抄家被誅，顯示了清廷的腐敗；川、陝、甘的教匪之亂，也揭示了苛政暴斂在民間所引起的憤懣；而西北帝俄的覬覦，東南海防的危機，更暴露了清廷內憂外患的兼逼而至。在這樣一個大動盪的時代裏，專門漢學純學術的研究工作，實已無法適應時代的需求而將有所變易。

此其間有章學誠出，承浙東史學一脈倡史學經世；有桐城方東樹出，謂漢學之厭唯陸王是歸；又有常州公羊學派，治經刊落名物，主求微言大義於語言文字之外。凡此諸論，其主張雖各有不同，然其用心皆是有鑑於漢學流弊，及世變日亟，思救亡圖存，而欲爲學界創一新路。

龔自珍即生在此一危機漸萌、衰亂將至之時代背景下，又因家學、師承、友朋之關係，兼受多方面思想之影響。自珍乃段玉裁之外孫，故有其「文字音韻」的家學；又嘗治史學，頗受章學誠「六經皆史」說之啓示；及壯歲居京師，又從劉逢祿習「公羊春秋」，是又受常州公羊學治經重微言大義以期經世之影響。「文字音韻」乃乾嘉專門漢學，而「常州公羊學」至道咸以降，已儼然滙成晚清思想之主流：此一主詁訓於文字，一主大義以經世之治學態度，判然二途。自珍處此思想更易、學術流變之關鍵，是如何取舍運用，而建立一己之學術思想體系，並爲道咸以降開一風氣，誠値得我們深入研究。

本文有鑑於此，故欲討論自珍學術思想之全貌。自珍處此動盪之時代背景，及其特異之思想承受下，是如何對乾嘉經學做一取舍，又如何將其自身之經學與史學予以溝通，以建立其「一以貫之」之「經世思想」；再如何將此「經世思想」與「公羊思想」相結合運用，以自發揮其一套「經世微言」於時政，而爲道咸以降之學術開一風氣。是爲本文探討之主題。簡言之則是：自珍在道咸學術轉變之際，所居之地位，及其重要性。

自珍作品散佚者頗多，今所論述以其所存之文集爲主，並兼采師友之著述以補不足。本論文共分五章：首述自珍生平及思想背景；二、三章則由自珍對乾嘉學的批評及其自身的經學取向，論至自珍經、史思想的一以貫之，及經世思想的成立；四章論述公羊學在自珍經世思想中所居之地位，及自珍在常州公羊學之發展上所作貢獻之突出；末章則述及自珍經世思想的具體表現。其中第四章論述自珍之公羊學，本文之所以別於經學而另立一章，其因有二：一因自珍六經正名中主張「經自經，傳自傳，傳不可以稱經」，故別立之；一因歷來言自珍之思想者，多未論及其公羊思想，而自珍之於公羊，不僅其本身深具心得，更在微言大義的靈活運用下，大大地推進了常州學的發展，並直接影響到晚清學風，即是——轉「論公羊於典籍」使成爲「論公羊於政治」。

學術隨世風而易。乾嘉專門漢學治學重文字考覈，而道、咸以降鑑於世變日亟，衰亂將至，故學風一轉而至治經重取大義以求經世。自珍居此之際，盱衡世局，評量漢學，又酌取公羊，遂建立其一己之思想體系，而爲晚清學術開一風氣。

第一章　自珍的生平及思想背景

第一節　生　平

龔自珍，一名易簡，更名鞏祚，字璱人，號定盦，又號羽琌山人。浙江仁和人。生清乾隆五十七年（西元一七九二），卒清道光二十一年（西元一八四一）。享年五十。自珍生值清勢漸陵，西力逼近之際，死前一年鴉片戰爭爆發，死後一年即訂定不平等之南京條約，又九年太平天國洪秀全起義。清祚遲暮，險象環生。自珍具先睹之識，闡幽顯微，轉易學風，誠開風氣者焉。

龔氏世有隱德，至自珍祖匏伯公，方以科目起家，簪纓文史，稱浙右族。（註一）嘗批校《漢書》，家藏凡六、七通，又有手抄本。（註二）官禮部精膳司郎中，出知雲南楚雄府，以廉吏名。父闇齋先生，亦嘗官禮部，入國史館。闇齋先生爲段玉裁女夫，嘗從玉裁受小學訓詁，亦自以經學課子弟。（註三）自珍幼承家學，又髫齔早慧，年十二即從外祖受許氏說文部目，自謂是「以經說字，以字說經之始」。（註四）此乃其文字音韻之家學耳。

嘉慶七年，闇齋先生服闋入都，自珍侍行，時年十一。然天才早發，於金石、目錄、古今官制之考，無所不靡，（註五）唯是情摯沈俊，喜爲詩詞。自珍幼時，乃母段恭人即口授吳梅村詩，及壯獨遊四方，每一吟此尤纏緜於心，蓋皆於慈母帳外燈前誦之耳。自珍天性淳厚，自幼然也。（註六）嘉慶十七年，自珍年廿一。過吳中見外王父段玉裁，出示所爲詩文，段玉裁美其詞曰：「銀盂盛雪，中有異境」，卻是「有害於治經史之性情」。（註七）次年又寄書勉之以經、史有用之學，努力爲名儒，爲名臣，勿願爲名士。（註八）即自珍自身亦未嘗欲眷戀於詞章，其〈湘月〉一篇作於年廿一，即有「文章雕蟲，男兒不爲」之意。曰：「屠狗功名，雕龍文卷，豈是平生意」？（註九）〈金縷曲〉作於年廿二，亦曰：「縱使文章驚海內，紙上蒼生而已，似春水干卿何事？」又暢言其志曰：「願得黃金三百萬，交盡美人名士，更結盡燕邯俠子」。（註一〇）蓋自珍以「簫心劍膽」自許，「江湖俠骨」自居，（註一一）焉能久滯詩詞。

然自珍亦未嘗欲以經生終其身，雖自幼濡染樸學，然其早年持論已頗留心於治道時務。自珍自嘉慶七年隨父入都，至嘉慶十七年隨父赴徽州，居京師逾十年。於當時朝廷士大夫之習氣，君主待臣子之薄刻，及法制科條之繁瑣，資格用人之限才，自珍雖屬年少，然英才卓異，識膽閎深，已窺得其涯略。此期間所作〈明良論〉四篇，（註一二）已顯議政經世之初端，其精邃切要處，直可驚世駭俗。

他首先譏詆那些「老成」之典型：因閱歷而審顧，因審顧而退葸，因退葸而尸玩；仕久而戀其籍，年高而顧其子孫；傫然終日，不肯自請去。而朝廷用人又以「資格」爲限，致使年少俊彥，不得展才。如此「老成」在位，而士大夫奄然無有生氣，混然終日，卻上諂下媚言曰「承平」，豈非將自取其敗？（註一三）他又由士大夫之無生氣，人才不出，士節無恥，上溯到君臣相待之儀。蓋清以異族入主，苛條繁儀，訂有三跪九叩之朝儀，使朝臣朝見跪拜，夕見跪拜，全無禮遇。自珍深感憤懣，言曰：「士不知恥，爲國之大恥」，士之無恥是辱國，卿大夫之無恥是辱社稷。上既不以禮待臣，臣又如何能以恥節自持？故曰：「厲之以禮出乎上，報之以節出乎下，非禮無以勸節，非禮非節無以全恥」。（註一四）蓋自珍之譏詆，實已切中專制君權過尊之弊。他又把清廷的束於律令卻不思救治，比喻成滿身疥癬的病體，無所措術，所以只好將四肢縛在獨木上，使四肢不能屈伸，而後冥心息慮，美其名爲「奉公守法」。「使奉公守法畏罪而遽可爲治，何以今之天下尚有幾微之未及於古也？」故自珍懇懇悃悃爲清求艾，倡言「變法」，甚至警告說：「恐異日之破壞條例，將有甚焉者矣！」（註一五）

觀自珍此種文字，與乾嘉樸學「訓詁明而後義理明」之治學方法已然迥異，蓋學術隨世風而易耳。清入主中原，爲箝制漢人，多設束縛，又兼文字獄屢興，遂使士人才智一趨於名物訓詁；兼以雍乾盛世，天下承平，「學隱」之風益熾，（註一六）其間吳皖二派貢獻實多。然，乾隆晚年，朝怠政荒，衰象漸呈，降及嘉慶，內亂外患隱隱然作。而君朝大夫，仍承乾隆盛世，酣戲醉飽，於諸隱痛瞠目未睹。自珍居京十年，盱衡世局，識深憂早，又兼具曠世之才、先睹之識，發爲議論，誠如章學誠所言：學術當以經世，毋驅風氣追時尚耳。（註一七）是值日暮冥冥，冷瑟初秋，自珍孤根君子，焉能滯守音韻詁訓哉！〈明良論〉四篇，雖是議論初發，然已開學者論政之風。清儒除明末遺老外，即罕言政治。嘉慶初，堅冰乍解，根孽重萌，士大夫乃稍稍發舒爲政論，自珍實爲開風氣之一人。文成，外祖段玉裁批曰：吾且耄，猶見此才而死，吾不恨矣！（註一八）玉裁乃戴震之弟子，一代經師，立言如此，學風之將易，豈遠乎哉？

嘉慶十五年，自珍年十九。應順天鄉試，由監生中式副榜第廿八名。又二年，由副榜貢生考充武英殿校錄，自是爲校讎掌故之學，終身不懈。（註一九）同年三月，父闇齋先生簡放徽州知府，自珍侍行。又二年（嘉慶十九年）闇齋先生在徽州議修徽州府志，延汪龍、洪飴孫、武穆淳、胡文水諸子纂修，凡甄綜人物、搜輯「掌故」之役，恒命自珍爲之。（註二〇）自珍有與諸子書，暢論修志之方，認爲：府志乃省志之底本，以儲他日之史，宜繁不宜簡；故不宜翦除埋沒忠清文學幽貞郁烈之士女。（註二一）又說：史家不能逃古今之大勢。蓋史家之責乃在出古入今，上探歷代制度得失，下究當朝時務以爲定奪。故今日掌故之豐實，正足以預儲他日之史。（註二二）自珍一生搜輯掌故，亦自以爲豪，其目的一爲儲他日之史；一則爲觀今日之勢，以爲經濟緩急之策。

嘉慶二十一年丙子，自珍年廿五。離徽赴上海，時闇齋先生擢江南蘇松太兵備道。上海綰轂東南，闇齋先生以宿學任監司，一時高才碩彥，多集其門。自珍在此期間內，無論於學、於友皆多所獲益。他一方面與鈕樹玉、何元錫諸君搜討典籍，凡文淵閣未箸錄者，及流傳本之據善本校者，必輾轉錄副。（註二三）一方面又結交傳記學家江藩、陳奐，並由相互學術之討論上，使自珍對乾嘉樸學，有了一個新的認識。且對自身之經學取向，有了明確的抉擇，而益發究心於當世之務。

自珍自幼即從外祖段玉裁習說文部目，故其文字音韻之根柢甚厚。及長，年廿七應浙江鄉試中舉時，座主又爲當世經學大師王引之。（註二四）受家學師承影響，故早年嘗有志寫定群經。唯是自珍之性情「哀樂過人」，又親睹政治之將敗、世風之頹靡，早年立論即以「挽弊救頹」自任。又見專門漢學以字說經，流風所至漸趨繁瑣，對治道人心毫無補益。遂思及聖人之道乃道問學、尊德性二大端，二端之初，不相非而相用；名物制度爲之表，窮理盡性爲之裏；六書音韻爲之末，性道治天下爲之本；唯是本末兼治、文質兼備，方合聖人「一以貫之」之道，亦方能收孔子正名以「興禮、齊刑」之實功實效。（註二五）遂對清初以來的考證之學下一論斷曰：「入我朝，儒術博矣，然其運實爲道問學」。（註二六）自珍此論，實在是經過一番深切反省。蓋乾嘉專門漢學謹嚴的治學態度是自珍所信服的，經學大師尊古謙讓的修養，更爲自珍所敬仰；（註二七）然「六書九數爲之始，性道治天下爲之終」，（註二八）乃聖人一貫之道，加以世變日亟，悠悠蒼生，自珍又體物情重、救世心切，遂不得不擇取「東西南北之學」，並對外祖、師承之經學，宣告「不能寫定矣」。（註二九）然自珍並非棄經學於不顧，只是他發現己身之志趣，與時代之要求，使他不能再做文字詁訓的工夫；但他並不斥棄文字詁訓，他曾說文字詁訓，「足以慰好學臚古者之志」，（註三〇）可見他仍然客觀地認許它有「道問學」的獨立價值。只是自珍自己，哀於將萎之華、將夕之日，睠睠悱惻於天下蒼生，遂不得不易「好學臚古」（寫定群經）的經學態度，轉爲「通古近、定民生，以治天下」的經學態度。（註三一）至此，自珍確定了他治經學的態度，然此僅爲初端，迨習公羊之後，其經學才有實質的「治世」內容。

再者，自珍此期之政論，益爲風發，有不可一世之慨。自珍在嘉慶二十年乙亥、嘉慶二十一年丙子間，作有〈乙丙之際箸議（塾議）〉十餘篇，繼〈明良論〉四篇，對專制君權之斲戮人才、拘法不革有更深一層的刺評。其中尤以「革命」觀念之漸萌，及經濟思想之初現，最堪注意。自珍在〈勸豫〉一文中，雖殷殷爲清之變法勸勉，所謂：「天何必不樂一姓耶？鬼何必不享一姓耶？奮之！奮之！」然卻又不得不引朝代更「革」之例，警戒清廷，曰：「我祖所以興，豈非『革』前代之敝耶？前代所以興，又非『革』前代之敝耶」？而說出：「與其贈來者以勁改革，孰若自改革？」的話。尤其在〈箸議〉第九，深憤清廷之戮才而說：「才者自度將見戮，則蚤夜號以求治；求治而不得，悖悍者則蚤夜號以求亂！」（註三二）自珍乃探世變之聖，其所謂「亂」，在其卒後十年果有太平天國洪楊之亂起。

晚清諸多社會弊端，經濟問題實爲首要，這在同治朝自強運動重兵重富中即可見。自珍生數十年前已具先睹之識，他認爲經濟問題中，「貨」之不足，乃因鴉片購入，白銀外流，故主張禁鴉片。（註三三）又認爲「食」之不足，是經濟危機之最堪注意者，故主張重農以求富。自珍年卅二有〈農宗〉之作，反對儒家宗法制度由上而下的主張，而認爲宗法制度應由下而上，言曰：「唯農爲初有宗」。主張將農民依血統建立一套宗法關係，而將此宗法關係與土地緊密結合。其方法是將農民依嫡庶長幼的次序，分成大宗、小宗、群宗、閑民四等；大宗有田百畝，小宗、群宗各有田二五畝，閑民無田，但須佃田而耕，大宗須佃閑民五，小宗、群宗各佃一。如此，天下縱使有無田之人，亦無飢盜之民，因其皆致力於「爲天下出穀」矣。（註三四）自珍此一「農宗」制度，有一特色，實堪注意，即是「不限田」。自珍認爲土地之廣，乃「亡國之所懼，興王之所資」，（註三五）故主張「有德此有人，有人此有土」，（註三六）倘是興王之德不足以御民，則須藉助於武力，一旦武力又不足以控制，則「楚以三戶亡秦」。（註三七）自珍此意已明白顯示「得民者昌，失民者亡」，不僅有深厚的民本思想，甚至對君道，也做了一種詮釋。這種言論實已近乎「革命」思想，在當時足可驚世駭俗。自珍先睹之識，曠世難匹！（註三八）

嘉慶二十三年，自珍年廿七，應浙江鄉試中舉。次年，應恩科會試不第，留京師，始從劉逢祿受公羊春秋。自珍此期間之交遊、受學又有一大變化，對日後之所學、所論，大有助益。蓋自珍昔日所交多老蒼，和乾隆庚戌榜過從最密，次則嘉慶己未，多談藝之士。洎乎壯歲，所接海內通人勝士，尤不可勝數。其爲學則靡書不覽，又喜與人辯駁，雖小屈，必旁徵博引以伸己說。（註三九）及留京師，與莊綬甲友善，又識魏源，共從學於劉逢祿，相與切磋，遂明西京微言大義之學。並與宋翔鳳友善，言其：「樸學奇材張一軍」，嘗深致愛慕之意曰：「萬人叢中一握手，使我衣袖三年香」。（註四〇）劉、宋乃常州莊存與之外孫，莊述祖之外甥，家學一脈，治經重微言大義，尤取公羊春秋以求經世。自珍既不滿專門漢學之有文無質，（註四一）又有志匡世，故聞公羊之說而悅。嘗自記從學於劉逢祿曰：「昨日相逢劉禮部，高言大句快無加；從君燒盡蟲魚學，甘作東京賣餅家」。（註四二）唯自珍對公羊思想，自作取舍，未盡全承耳。年卅二有〈五經大義終始論〉之作，今言自珍之公羊學，當以此文爲據。（晚年雖有《春秋決事比》之作，然其書已佚，無資借鏡。）

自珍雖與魏源同習公羊於劉逢祿，然其於公羊之取舍，實具「別識心裁」，而與劉、魏有異。常州之學始於莊存與，至劉逢祿方明白樹立公羊春秋之學。魏源承劉氏之說，而更爲熾張，緣公羊一經上溯至信今文諸經，並以上復西漢爲己任。（註四三）然自珍治經卻不斤斤於今、古文之辯，主張今、古文兼采，即使治春秋亦不偏廢三傳。劉、魏於公羊皆有專門成體系之著作，如劉氏之《公羊何氏釋例》，《公羊何氏解詁箋》，魏氏之《董子春秋發微》，用整理歸納的方法，詳析義例。然自珍之治公羊並不鑿鑿於條例的分析，而是著重在微言大義的活用。常州學發展到自珍，才從論學於典籍轉臻至論政於時務。而其對公羊學的獨具心得，在〈五經大義終始論〉、及「三世」觀的活用上最可證見。

自珍認爲不僅通古今可以分爲三世，春秋二百四十年可以分爲三世，即一歲一日亦可分爲三世。（註四四）因此他將詩、書、禮、易皆以「三世」解之，使五經皆具據亂、升平、太平的進化次第。（註四五）不僅如此，他把聖人終始之道的「始乎飲食、中乎制作、終乎聞性與天道」，與五經之三世相配合，使成爲「食貨者，據亂而作；祀也，司徒、司寇、司空也，治升平之事；賓師乃文致太平之事」。（註四六）如此五經皆含有三世，而三世各有其政事之所側重。如此，自珍一向的治學態度：定民生、治天下，在公羊「三世」觀的配合下，變得更活潑、更積極、更與實際民生聯繫，也更切合時用。不僅發揮了常州學的精神，也使自珍的議政文字，更意蘊深遠。其〈尊隱〉一文，（註四七）將一日分成三時：早時、午時、昏時。並用昏時之「日之將夕，悲風驟至，人思燈燭，慘慘目光」，及賢人散於外，京師如鼠壤，比喻清之將衰，甚至明言將有「山中之民」之亂起。〈尊隱〉文末甚至說：「山中之民，有大音聲起，天地爲之鐘鼓，神人爲之波濤」。（註四八）試將此段文字與〈五經大義終始論〉所云：「其衰也，賢人散於外，而公侯貴人之家，猶爭賓客於酒食。其大衰也，豪傑出，陰聘天下之名士，而王運去矣」並觀，則自珍之革命思想明顯可見。此種立論，眞是大膽，而細觀自珍文字之運用，亦是巧妙至極。著有「捕」文三篇，自障蔽其文，而蘊意深刻，文思高妙。這種以「障蔽」之法撰文的技巧，實不無得力於研治公羊之學耳。

詳析自珍之公羊學，吾人可言，自珍公羊學之特色在：「從論學到論政」；也就是改變以往論公羊於「典籍」，使成爲論公羊於「時政」。自珍對公羊學的態度，是採取直捷擷取運用的方式，未嘗汲汲於建立一有體系之理論或條例。蓋自珍之志趣，本在議政經世；而公羊之微言大義，蘊意深遠，正足以爲其議政之援。故自珍之公羊學，就其本身學術思想而言，是代表著「積極」和「活潑」的意味；對常州學的發展而言，則是開「援經議政」之先河。晚清學者論政，每喜援引公羊，自珍實開風氣者。

嘉慶二十五年，自珍年廿九。會試仍下第。筮仕得內閣中書。明年，又在內閣任國史館校對官。初，自珍於京師識程同文，時同文「充會典館提調官，承修大清會典」，其理藩院一門，及青海西藏各圖，皆開斜方而得之，屬自珍校理，是爲天地東西南北之學之始。而於西北兩塞外部落、世系、風俗、山川形勢、原流合分，尤役心力，洞明邊事，雅稱絕詣，時稱程龔。又與徐松相友善，松精於西北地理，作有二表，自珍自撰《蒙古圖志》，嘗沿用之。（註四九）

道光元年，自珍年卅。國史館重修一統志，自珍上書總裁，論西北塞外諸部落沿革，訂舊志之疎漏，凡一十八條。（註五〇）然其最為人稱道者則為〈西域置行省議〉，與其同時寫成者有〈東南罷番舶議〉，惜文已佚，觀其名，亦可想見自珍對東南海防所寄之關切。其〈西域置行省議〉之要點，乃在移內地游食之民，以開發西北地利，既為邊防，又可擴疆牧農以裕中原。蓋自珍久居京師，見人心承乾隆之盛，習於游蕩，而中國生齒日繁，黃河為禍，京畿多飢，一味徵稅加賦，猶如割臀肥腦，非治本之法，故主張「人則損中益西，財則損西益中」，（註五一）並詳列條目，以備實施；惜未被採納。自珍晚年樂道之餘，不免獨生感觸：「五十年中言定驗，蒼茫六合此微官」。（註五二）果是六十年後，西域置省，李鴻章喟嘆之餘，亦不免盛讚自珍之深識遠見。（註五三）

自珍抱曠世之才，具先睹之識，又哀樂過人，用世心切。自弱歲以來，立論文字，詞采瑰眇，筆勢鋒利；又因識膽閎深，故多「越分」之言。天下方酣酰逸樂，自珍卻每言生靈塗炭，社稷岌岌，多作危言聳聽，故時人以「狂生」「狂言」目之。（註五四）自珍亦自知難行，嘗與江沅書中言：

陳餓夫之晨呻於九賓鼎食之席則叱矣；愬寡女之夜哭於房中琴好之家則誶矣，況陳且愬者之本有難言也乎？（註五五）

不免深痛而「榜其居曰『積思之門』，顏其寢曰『寡懽之府』，銘其凭曰『多憤之木』」。（註五六）

自珍少時即以詩名，唯是哀樂過人，下筆情深不能自已，又兼事心每相違逆，故多傷勞肝肺。年廿九秋，曾戒詩；然年卅夏，考軍機處不第，遂又破戒為詩，至死不倦。蓋自珍之性情，本為「一簫一劍」，嘗有詩言：「怨去吹簫，狂來說劍」。（註五七）唯其是劍，故識膽閎深，議論縱橫；唯其是簫，故纏綿易感，隱約徬徨。加以嘉慶二十五年（年廿九）不第、道光三年（年卅二）又不第。功名蹭蹬，壯志莫展。不免寄情詩酒，與友人顧千里、鈕樹玉、吳文徵、江沅、秦敦夫相與唱吟，稍寄舒慨。後人每以此論自珍涼薄無行，（註五八）誠是一偏之見。自珍有〈宥情〉一文，自言己於「哀樂也，沈沈然」，閑居時「陰氣沈沈來襲心，不知何病」？有〈又懺心一首〉，最可見其性情：

佛言劫火遇皆銷，何物千年怒若潮？經濟文章磨白晝，幽光狂慧復中宵。來何洶湧須揮劍，去尚纏綿可付簫；心藥心靈總心病，寓言決欲就燈燒。（註五九）

是可見自珍性情之纏綿熱切，自珍抱掩世之才，又汲汲用世之心，如洶湧怒潮；唯是立論高眇，又喜詭浪，竟至寥落顛簸，蹭蹬終生。

道光三年，下第後。居京師，自編甲戌（年廿三）以還文章，爲文集三卷，餘集三卷。既竣，見所棄者倍所存者，因又錄少作一十八篇。吳昌綬《定盦先生年譜》自言：「搜獲一冊」，惜今不得見。六月，刊定《無著詞》，《懷人館詞》，《影事詞》，《小奢摩詞》，都一百三首，晚歲頗悔存之。七月，母段恭人卒於蘇松道署，自珍解職奔喪，奉櫬還杭州，殯於花園埂。植梅五十本於墓上。（註六〇）

道光六年，自珍年卅五。入都會試又不第。是科劉禮部與分校，鄰房有浙江、湖南二卷，經策奧博。曰：「此必仁和龔君自珍、邵陽魏君源也」，亟勸力薦，不售。夏，祭程同文於城西古寺，同文與闇齋公相後先，自珍以父執禮之，皆以精於邊疆輿地聞世，時稱「程龔」。同文卒後，時人方稱「

龔魏」。自珍居京鬱鬱，與妻何宜人賦〈寒月吟〉，慨念勞生，有偕隱之志。（註六一）

道光七年，自珍年卅六。四月，投牒更名易簡。十月，錄辛巳（年三十）以來七年之作百廿八篇，為《破戒草》一卷；又《存餘集》五十七篇，亦一卷。（註六二）初，道光二年，自珍有〈行路易〉之作，言京師為猛虎，居之不易。又自言己：「門寒地遠性儻蕩，出門無階媚天子」。終是青雲無路，內衷隱痛，何人為識？自珍自辛巳以來詩作，以此年最為沈鬱，憂國之志，見招之思，發為詩文，傍徨多豫。既言「去去亦何求，買山請歸爾」，又言「黔首本骨肉，天地本比鄰，……四海變秋氣，一室難為春」，故自珍終成「所以慷慨士，不得不悲辛」。（註六三）

道光九年，自珍年卅八。會試中式第九十五名。殿試三甲第十九名，賜同進士出身。朝考，奉旨以知縣用，呈請仍歸中書原班。自珍「己亥雜詩」，自記言：「己丑殿試，大指祖王荊公上仁宗皇帝書」。（註六四）及朝考，欽命題「安邊綏遠疏」，時張格爾甫平，方議新疆善後。自珍臚舉時事，灑灑千餘言，直陳無隱，閱卷諸公皆大驚，卒以楷法不中程，不列優等。（註六五）自珍甚是憤懣。

自珍自廿八歲下第，至卅八歲方才登第，鬱鬱寥落，十載有餘。今既登第，躍躍欲試；又因自年廿九至今，居內閣近十載，於內閣故事最為洽熟，故十二月〈上大學士書〉，即言內閣故事當改者六事，又殷殷囑意曰：

自珍少讀歷代史書及國朝掌故，自古及今，法無不改，勢無不積，事例無不變遷，風氣無不移易，所恃者，人材必不絕於世而已。（註六六）

未能果行。

道光十二年，自珍年四一。夏，大旱，詔求直言，大學士蒙古文誠公富俊五度就訪，自珍手陳〈當世急務八條〉，文誠讀至「汰冗濫」一條，動色以爲難行，餘頗欣賞。（註六七）然今文集中不存，甚是可惜！

道光十三年，自珍年四二。是年譔有《左氏春秋服杜補義》，《左氏決疣》各一卷，又有《西漢君臣稱春秋之義考》一卷，今皆不見。唯「己亥雜詩」中自記：「癸巳歲，成《左氏春秋服杜補義》一卷。其劉歆竄益左氏顯然有迹者，爲《左氏決疣》一卷」。又有〈六經正名〉、暨〈答問〉五篇、〈古史鉤沈論〉四篇。案〈國朝詩徵序〉言：「年三十四，箸〈古史鉤沈論〉七千言，具稿七年，未寫定」。今存四篇，不足五千言，則刪省多矣。（註六八）此二文實爲自珍晚年思想之代表。

自珍一生屬意於民生時務，卻未嘗離棄經史。其自言：

> 不研乎經，不知經術之爲本源也；不討乎史，不知史事之爲鑑也。不通乎當世之務，不知經、史施於今日之孰緩、孰亟、孰可行、孰不可行也。（註六九）

是知，經史乃治世之本。故自珍晚年倡「尊史」之說，認爲「史存國存，史亡國亡」。其尊史，乃尊其心，尊其善出入之心：唯是善入，故能於歷代制度得失窺其源由；唯是善出，故能審度當世以爲孰緩、孰亟之權衡。然國史自周之東遷，多有零落，自珍喟傷之餘，願以「鉤沈古史」以存史統自任。不過，鉤沈古史以存史統，只是自珍「尊史」說之一層，自珍〈古史鉤沈論二〉中曾言：「稱爲儒者流則喜，稱爲群流則慍，此失其情也。號爲治經則道尊，號爲學史則道詘，此失其名也」。欲合其情、欲正其名，自須溯經史之源。顯明可見的，自珍在「探源史統之源流」的主張下，對經學和子學重新作了一個評估，這就是他著名的「五經，周史之大宗；諸子，周史之小宗」論。

自珍在〈乙丙之際箸議第六〉，即已說明三代以上治、學合一。所治之法及所學之書，皆由史職掌守，師儒傳習；迨政教末失，師儒源一流百，其書亦百其流焉，遂各守所聞，而欲措之當世以爲用；可見諸子之學的興起，考其源流，亦皆出於史。因此自珍闡揚周之世官，認爲唯史唯大，史之外無有語言，史之外無有文字，史之外無人倫品目。如此則一切語言、文字、人倫品目皆存於史。而周之語言、文字、人倫品目之所存者，即是儒者所謂的「六經」，於是自珍說「六經者，周史之宗子也」。然則史之名先？抑或經之名先？自珍則謂：「三代以上，無文章之士，而有群史之官」。又說：「儒者言六經，經之名，周之東有之」。（註七〇）三代之際已有史，而經之名乃西周方有。如此「經、史」之名得「正」。自珍之世，經學仍盛，號爲治經則道尊，號爲學史則道詘；殊不知，經史所以致用，倘是治經只求「文字音韻」，則經之義爲「死義」，倘是治史只求「考證制度」，則史之義爲「死義」。自珍「五經皆史」之意，乃在說明：史學所以經世。唯能將歷代興亡、得失、利弊之迹，了然於心，使「史事」之意「活用」，方眞能得經、史治世之本意。逐字明經，只是聖人之道之「末」。蓋自珍尊史之「心」，用意在此。

至於諸子，自珍認爲：政教末失，學術下私人之後，著書之徒出，各守其肄習之業，以措之當世。然其源流，皆出於史，故言：諸子乃周史之小宗。然則爲何「稱爲儒者流則喜，稱爲群流則慍，此失其情也」？自珍「六經正名」中曾言：「經自經，子自子，傳記可配經，子不可配經」；又說：「傳記，猶天子畿內卿大夫也；諸子，猶公侯各君其國，各子其民，不專事天子者也」。（註七一）諸子之學自漢「獨尊儒術」以來，即難與經相抗，自清以後，治者漸多，如傅山、汪中。自珍亦喜治諸子，嘗因好「雜家」言，卒不能寫定群經。（註七二）此處，自珍更在學術史的源流上，將諸子視爲「公侯各君其國，不專事天子」，明白承認諸子乃一師之言，有其獨立的價值。因此將「小宗」言諸子，「大宗」言六經，又在「周史」的大傳統下將經、子並列，有意識地提高了諸子的地位。

道光十四年，自珍年四十三。自珍一生曾十一試，其中有八次不中，尤以道光九年之試，臚舉時事，灑灑千餘言，卻因「楷法」不中程式，不列優等。自珍自弱歲即不滿清廷繁科瑣令，資格用人；至此乃作《干祿新書》一卷，譏詆清廷擢才不以才，但以「楷法」爲準。文字十分諷刺。自珍自少年時即爲文譏議時政，及年四十五仍懃懃懇懇，未嘗一日或忘。居京師時，適友人王元鳳戍軍臺，自珍喟嘆曰：「承平之世，漏稅而已，設生昔之世，與凡守關以爲險之世，有不大駭北兵自天而降者哉」！（註七三）

道光十七年，自珍年四十六。三月，改禮部主事祠祭司行走，四月，補主客司主事，仍兼祠祭司。（註七四）自珍嘗從江沅習佛法，尤究心於大乘，晚年著述頗盛。然佛法之習，僅爲自珍之遁詞，其一生實始終未能忘懷於國計民生。次年，又爲〈上禮部堂上官書〉，論四司政體宜沿宜革者三千言。

同年欽差大臣林則徐赴廣東查辦海口事件，自珍作序贈行，極言：「刑亂邦用重典」，凡食、販及造鴉片者皆宜誅首，務使絕其源；倘勸之無以禁，自當以武力取勝。又勉以勿爲「老成迂拙」之人所游說。（註七五）蓋鴉片之入，白銀之出，國貧人虛，勢實堪虞。自珍深謀遠識，憂心忡忡。然林氏覆信，卻有「事勢有難言者」之句；（註七六）則自珍「秋士春心」終成「滿襟清淚渡黃河」矣。是歲，自珍又成《春秋決事比》六卷，今只得見序目及答問一卷，大旨欲「以春秋之律救正當世之律」，惜全貌已難窺見。

道光十九年，自珍年四八。冷署閑曹，壯志難酬，又性情豪邁，高言嗜奇，多觸時忌。値闇齋先生年逾七旬，從父文恭公適任禮部堂上官，例當引避，遂辭官出都。不携眷屬、僕從，以一車自載，一車載文集百卷以行，夷然傲然，不以貧自餒。渡黃河歸杭，途中雜記行程，兼述舊事，得詩三百十五首，題曰「己亥雜詩」，平生出處、交游、著述，得以考見。（註七七）今觀自珍出都之作，一心天下蒼生，儼然老杜胸臆，纏綿憂慼，鬱鬱終生。有詩：

浩蕩離愁白日斜，吟鞭東指即天涯；落紅不是無情物，化作春泥更護花。

自珍抱瑰偉奇麗之才，具先睹之識，有攬轡澄清之志；見國勢阽危，民生耗敗，外交棘手，人材空疎，遂留心經濟，倡言變法。無奈「一蟲獨警誰同覺，萬馬無聲病養癰」，（註七八）「老成」典型，疥癬痼疾；自珍孤根君子，獨鳴初秋，悃悃憂思，亦沉寥終身於一「微官」耳！楊象濟詩：「斯才不令修青史，乾隆以還無與倫；衣香禪榻等閒死，應爲皇清惜此人」！（註七九）

道光二十一年。春，就丹陽雲陽書院講席。七月，至丹陽，館於縣署。八月十二日，暴疾捐館。享年五十。

第二節 思想背景

乾嘉專門漢學治經重文字詁訓的態度，自閻若璩以來即廣衍天下。這一方面是因爲清廷箝制思想，屢興文字獄，一方面也因爲海內承平，故聰明才智盡趨於考文。其貢獻雖多，然流弊所至，終使學術與民生治道相隔，章炳麟稱其爲「學隱」之風，爲經學而治經學，其目的本不在經濟治道。（註八〇）嘉道以還，清勢漸陵，和珅抄家被誅，顯示了清廷的腐敗；而川、陝、甘的民變，及東南海防的危機、西北帝俄的覬覦，更表露了清廷內憂外患的兼逼而至。於是有學者出，而欲扭轉這種純學術研究的風氣。

章學誠承浙東史學一脈，倡言「六經皆史」，主張：

> 善言天人性命，未有不切人事者。三代學術，知有史而不知有經，切人事也。後人貴經術，以其即三代之史耳。近人談經，似於人事之外別有所謂義理矣。……史學所以經世，固非空言著述也。且如六經出於孔子，先儒以爲其功莫大於春秋，正以切合當時人事耳。（註八一）

章氏一再強調：六經非先王有意立爲文字以傳後世，乃是「典章制度見於政教行事之實」。（註八二）因此他不滿乾嘉求道於經之「文字」的態度，而主張求道應於「人倫日用」。（註八三）所以說「經之流變必入於史」，（註八四）史學最切人事，故又說「史學所以經世」。

章氏這種「六經皆史」的主張，乃爲救當時經學家以訓詁考覈求理之蔽；然這種主張，卻對龔自珍有極大的啓發。自珍在這個啓示下，不僅對學術的源流，經、子的地位，做了個重估；也對自身治經、史的態度，有了一貫的主張。而此主張也就是他學術思想的主要基礎。

乾嘉學風的轉變，不僅是治學態度的由「重文字」，轉成「重人事」，而是有一批學者，直接在時政上，提出批評。此種學者論政的風氣，自明末遺老以後，即已罕見；迨至乾隆晚葉，衰象漸呈，始漸有學者出而評擊。戴震《原善》下卷，已隱斥吏弊，言：「亂之本，鮮不成於之上，然後民受之轉移於下」。（註八五）洪亮吉更在〈征邪教疏〉中曰：「人民不欲犯法，由于州縣官吏借邪教之名，把持之、誅求之、不逼至于爲賊不止」；又因應詔直言，反遭遣戍。（註八六）然憂患之士救弊心切，譏議時政，未因顚躓而止。這種學者論政風氣的再現，在乾嘉學風的轉易上，無疑地是一大助力。

章學誠在〈上執政論時務書〉中，明揭「官迫民反」四字，甚至說：

> 督撫官司，向以貪墨聞，……今之寇患，皆其所釀，今之虧空，皆其所開；其罪深于川陝教匪，駢誅未足蔽辜。（註八七）

章氏之意將民亂、海患皆歸咎於吏胥之貪斂不知愛民。蓋議政文字之初，大多是針對吏弊而發。當其時，尙有陽湖派文士，雖以文學名世，卻亦有感於世變，而重言時務者。惲敬在〈三代因革論〉中，即言：

> 先王之道，因時適變；爲法不同，而考之無疵、用之無蔽。……彼諸儒博士者，過于尊聖賢而

疎于察凡庶，敢于從古昔而怯于赴時勢；篤于信專門而薄于考通方，豈足以知聖人哉？（註八八）

他一方面批評乾嘉治學，過於尊聖賢、信專門，以致於疎忽了凡庶、時務；一方面也倡言學術當求經世，故應與「凡庶、時務」交相爲用，以收因時制宜之效。梅曾亮亦批評「居官者」曰：

天下之患，……居官者有不事事之心，而以其位爲寄，汲汲然去之，是之爲大患。（註八九）

而管同又由吏治之敗壞，上溯到士風之衰頹，曰：

世事之頹，由於吏治，吏治之壞，根於士風，士風之衰，起於不知教化。（註九〇）

包世臣在《藝舟雙楫》中，更由世道治亂，論至人心風俗及教化綱紀，曰：

目擊世趣，方知治亂之關，必在人心風俗。而所以轉移人心，整飭風俗，則教化綱紀爲不可闕矣。（註九一）

蓋學術隨世風而易，嘉道吏治貪竊，民變迭起，管、包諸人目睹世危，留心時務。自珍生當此際，兼具先睹之識，又哀樂過人，雖幼承外祖文字音韻之學，然弱冠立論已著眼民生治道，其天才卓犖，識膽閎深可知。壯歲，出遊江浙，與惲敬、梅曾亮、包世臣友善，互相切磋砥礪，益發究心於時務，受此諸人之影響自不在小。然自珍之議政言論，卻較此諸人更爲深刻。自珍不僅由吏治之弊，論及士風，由士風論及廉恥，更由廉恥，論及君權，倡言變法。

又嘗從學於劉逢祿治公羊春秋，常州公羊學治經重微言大義。自珍既治公羊，遂於五經益發重取其大義，又因春秋浹天道、備人事，明是非而長於治人，故使自珍之經世思想，更爲具體，亦更能切合於治道經濟。常州公羊學在晚清儼然成一學術主流，自珍居功厥偉。

自珍所處之時代，是滿清由盛極而衰之關鍵。專門漢學純學術的治學態度，已無法切合時代的需要。自珍生當此際，兼具「專門漢學」之家學，及「常州公羊學」之師承，又深受「浙東史學」之影響；在此複雜多面的思想背景下，成就了一己的思想。自珍一方面對乾嘉學術提出批評，並確立一己之治學態度；一方面也在探究經、史之源流上，完成其學術主張；更在公羊思想的活用下，開啓了晚清「援經議政」的風氣。

【註釋】

註一　見吳昌綬編《定盦先生年譜》（河洛出版《龔自珍全集》附錄。以下簡稱年譜）。本文所論自珍生平、出處及交游，多參考吳氏年譜。

註二　《龔自珍全集》（河洛圖書出版社印。以下簡稱《全集》），第十輯，「己亥雜詩」六九首自注，頁五一六。

註三　見年譜。

註四　《全集》第十輯，「己亥雜詩」五八首自注，頁五一四。

註五　年譜十四歲條下言：「始考古今官制」。年十六歲條下言：「始讀《四庫全書提要》，爲目錄之學」。

註　六　年十七歲條下言：「游太學，見石鼓文，大好之，由是始爲金石之學」。

註　七　見年譜。

註　八　段玉裁〈懷人館詞序〉。

註　九　見年譜。

註一〇　《全集》第十一輯，〈湘月〉詞，頁五六四至五六五。

註一一　同上，〈金縷曲〉詞，頁五六五。

註一二　自珍詩有「一簫一劍平生意」之句，又有「江湖俠骨恐無多」之句。前者見《全集》第九輯，頁四六七。後者見《全集》第十輯，頁五二一。

註一三　〈明良論〉四篇後，自珍自記：「四論，乃弱歲後所作」（《全集》第一輯，頁三六）。可見當在年廿至廿三。

註一四　〈明良論三〉，《全集》，頁三三至三四。

註一五　〈明良論二〉，《全集》，頁三一至三三。

註一六　〈明良論四〉，《全集》，頁三四至三六。

註一七　章炳麟《檢論》（廣文書局），卷四〈學隱〉，即指乾嘉專門漢學而言。

註一八　章學誠《文史通義》（漢聲出版社影印），內篇六，〈天喻〉。

見年譜。

註一九　同上。

註二〇　同上。

註二一　《全集》第五輯，〈與徽州府志局纂修諸子書〉，頁三三四。

註二二　同上。

註二三　見年譜。

註二四　同上。

註二五　參考〈江子屏所箸書序〉及〈陳碩甫所箸書序〉。皆見《全集》第三輯，頁一九三至一九六。

註二六　〈江子屏所箸書序〉，頁一九三。

註二七　參考《全集》第一輯，〈抱小〉；及第二輯，〈工部尚書高郵王文簡公墓表銘〉，頁九三至九四及頁一四七至一四九。

註二八　詳第二章。

註二九　同上。

註三〇　《全集》第一輯，〈古史鉤沈論二〉，頁二六。

註三一　詳第二章。

註三二　《全集》第一輯，〈乙丙之際箸議第七〉，頁六；及〈乙丙之際箸議第九〉，頁七。

註三三　詳第五章第二節。

註三四　同上。

註三五　《全集》第一輯，〈農宗答問第四〉，頁五五。

註三六　同上，〈農宗答問第一〉，頁五四。

註三七　同上，〈農宗答問第五〉，頁五五。

註三八　詳第五章第三節。

註三九　見年譜。

註四〇　《全集》第九輯，〈投宋于庭〉，頁四六二。

註四一　詳第二章。

註四二　《全集》第九輯，「雜詩」，頁四四一。

註四三　詳第四章第一節。

註四四　《全集》第一輯，〈五經大義終始答問八〉，頁四八。

註四五　詳第四章第三節。

註四六　《全集》第一輯，〈五經大義終始答問一〉，頁四六。

註四七　自珍〈尊隱〉一文，文字隱晦，含意幽眇，但如以「歸隱」視自珍，則誤矣。唯詳析後可得其眞意。

註四八　《全集》第一輯，〈尊隱〉，頁八六至八九。

註四九　見年譜。

註五〇　同上。

註五一　見《全集》第一輯，〈西域置行省議〉，頁一〇五至一一二。

註五二　同書第十輯，「己亥雜詩」七六首，頁五一六。

註五三　李鴻章〈黑龍江述略序〉曰：「古今雄偉非常之端，往往創於書生憂患之所得。龔氏自珍議西域置行省於道光朝，而卒大設施於今日」。按：此云道光朝乃誤。自珍〈西域置行省議〉倡於嘉慶廿五年。新疆置行省在光緒八年。相距六十二年。

註五四　《全集》第五輯，〈與人箋〉：「自珍所得言於閣下而絕非自珍平日之狂言」，頁三四三。同書第一輯，〈古史鉤沈論三〉言：「吾之始猖狂也」，頁二六。

註五五　同書第五輯，〈與江居士箋〉，頁三四五。

註五六　同上。

註五七　同註九。

註五八　王國維《人間詞話》（開明書局），卷下。

註五九　《全集》第九輯，〈又懺心一首〉，頁四四五。

註六〇　見年譜。

註六一　同上。

註六二　同上。

註六三 引詩皆見《全集》第九輯，「自春徂秋，偶有所觸，拉雜書之，漫不詮次，得十五首」，頁四八五至四八八。

註六四 同書第十輯，「己亥雜詩」四四首，頁五一三。

註六五 見年譜。

註六六 《全集》第五輯，〈上大學士書〉，頁三一九。

註六七 見年譜。

註六八 同上。

註六九 《全集》第一輯，〈對策〉，頁一一四。

註七〇 上句引文見《全集》第四輯，〈商周彝器文錄序〉，頁二六七。下句見同書第一輯，〈古史鉤沈論二〉，頁二一一。

註七一 前句見〈六經正名答問五〉，《全集》第一輯，頁四一。後句見〈六經正名〉，同書，頁三八。

註七二 《全集》第一輯，〈古史鉤沈論三〉言：「友朋之賢者也，皆語自珍曰：曷不寫定易、書、詩、春秋？方讀百家，好雜家之言，未暇也」，頁二五。

註七三 同上，〈說居庸關〉，頁一三六。

註七四 見年譜。

註七五 見《全集》第三輯，〈送欽差大臣侯官林公序〉，頁一六九至一七一。

註七六　見上文文後所錄之〈林則徐復札〉。

註七七　見年譜。

註七八　《全集》附錄，頁六三九。

註七九　同上，頁六三八。

註八〇　見章炳麟《檢論》，卷四〈學隱〉。

註八一　章學誠《文史通義》，內篇二〈浙東學術〉。

註八二　同書內篇一〈經解上〉。

註八三　同書內篇二〈原道中〉言：「彼舍天下事物人倫日用，而守六籍以言道，則固不足與言夫道矣」。

註八四　同書外篇三〈與汪龍莊書〉。

註八五　戴震《原善》（藝文印書館影印），下卷：「在位者多涼德而善欺背，以為民害，則民亦相欺而罔極矣。在位者肆其貪，不異寇取，則民怨苦而動搖不定矣。凡此非民性使然也，職由於貪暴以賊其民所致。亂之本，鮮不成之於上，然後民受之轉移於下。莫之或解也。乃曰：民之所為不善。用是仇民，亦大惑矣」。

註八六　洪亮吉《卷施閣文》（四部刊本），甲集，卷十〈征邪教疏〉。洪亮吉於嘉慶三年詔陳時事數千言，因直言由軍機大臣會同刑部審以不敬律斬，奉旨免死，發往伊犂。見《洪北江先生年譜》。

註八七　見《章氏遺書》，卷廿九〈上執政論時務書〉。

註八八　惲敬《大雲山房文稿》（嘉慶廿年刊本，臺大文聯藏），初集卷一〈三代因革論八〉。

註八九　梅曾亮《柏梘山房文集》（華文書局影印），卷一〈臣事論〉。

註九〇　管同《因寄軒文初集》，卷六〈與朱幹臣書〉。

註九一　包世臣《藝舟雙楫》（商務書局），文論三，〈讀亭林遺書〉。

第二章　自珍的治經態度

第一節　對乾嘉學的批評

乾嘉樸學專尚考覈的治經態度，到嘉道之際遂漸產生變易。自珍雖是段玉裁的外孫，年十二即從外祖受說文部目，並自謂是「以經說字，以字說經之始」。（註一）年廿七中舉，又出王引之門下；然其早年持論，已對乾嘉文字詁訓的治學態度，有所不滿，而有志於「文質兼備」之學。年廿六爲江藩《國朝漢學師承記》作序，已云：

三王之道若循環。聖者因其所生據之世而有作……孔子沒，儒者之宗孔氏，治六經術，其術亦如循環。孔門之道，尊德性、道問學二大端而已矣。二端之初，不相非而相用，祈同所歸。……敢問問學優於尊德性乎？曰：否否。是有文無質也，是因迭起而欲偏絕也。聖人之道，有制度名物以爲之表，有窮理盡性以爲之裏；有詁訓實事以爲之跡，有知來藏往以爲之神。謂學盡於是，是聖人有博無約，有文章而無性與天道也。……不以文家廢質家，不用質家廢文家。（註二）

孔門之道，有尊德性、道問學二大端，然此二端不相非而相用。有制度名物爲之表，窮理盡性爲之裏，有詁訓實事爲之跡，知來藏往爲之神。倘是以道問學廢尊德性，則是有博無約，有文章而無性與天道。故自珍認爲：聖人之道不以文家廢質家，不以質家廢文家；而是以詁訓名物爲之表，窮理盡性爲之裏，由博返約，文質兼備。

他在〈陳碩甫所箸書序〉中，有更進一層的說明：

孔子曰：「吾道一以貫之」。……子游曰：「有始有卒者，其惟聖人乎？」古者八歲入小學，教之數與方名，與其灑掃進退之節。保氏掌國子之教，有書有數，六書九數，皆謂之小學。由是十五入大學，乃與之言正心誠意，以推極於家國天下。壯而爲卿大夫、公侯，天下國家名實本末皆治。（註三）

自珍主張聖人「一以貫之」之道，又解釋「一以貫之」爲「有始有卒」，而所謂始卒之道，即是由小學而大學的「本末」之道。古人八歲入小學即教以灑掃進退，及六書九數；十五入大學始與之言正心誠意，而終推極至家國天下。如此循小學而至大學，才是聖人本末兼治、一以貫之之道，若有所偏棄，則非聖人之道之全體。自珍嘗批評後世偏廢小學，獨尊大學，曰：

後世小學廢，專有大學，童子入塾，所受即治天下之道，不則窮理盡性幽遠之言。六書九數，白首未之聞。其言曰：學當務精者鉅者，凡小學家言不足治，治之爲細儒。（註四）

又批評矯枉過正，而獨尊小學者，曰：

於是君子有憂之，憂上達之無本，憂逃其難者之非正。不由其始者，終不得究物之命。於是黜空談之聰明，守鈍樸之迂迴，物物而名名，不使有遁。……有高語大言者，拱手避謝，極言非所當。於是二千載將墜之法，雖不盡復，十存三四。愚瘁之士，尋之有門徑，繹之有端緒，蓋整齊而比之之力，至苦勞矣。（註五）

小學廢而大學獨尊，致使童子入塾即受性命治道，而於六書九數之學白首未聞；這是無本之學。但是，憂心君子鑑於學「不由其始者，終不得究物之命」，遂主張罷黜空談，獨尊六書九數，對討論性命治道者，皆拱手避謝；如此，則又使學業但守其本，而無以上達。故自珍認爲，無論是獨守性命治道之大學，抑或獨守六書九數之小學，皆非聖人本末一貫之道，亦非聖人文質兼備之道。唯是能循六書九數，以達於性道治天下者，才是聖人文質兼備、本末兼具之道，也是自珍「一以貫之」之意。他有段文字論述更爲明晰：

（孔子）告仲由曰：「名不正，則言不順，言不順，則事不成、禮樂不興、刑罰不中」。……使黃帝正名；而不以致上世之理；孔子之正名，而終不能以興禮而齊刑，則六藝爲無用。而古之儒之見詬，與詬古之儒者齊類。彼陟顚而棄本，此循本而亡顚，庸愈乎？……於是始以六書九數之術，及條禮家曲節碎文如千事推之，欲遂以通於治天下。（註六）

倘是周公、孔子皆獨守「正名」，而未嘗有「興禮、齊刑」之實際功效，則六藝爲無用之學。故無論陟顚棄本，只言性道；或守本忘顚，只治名物，都非聖人之道之全體。唯有以「六書九數爲之始，而遂以通於治天下」，方合聖人「一以貫之」之意。

綜上可知，自珍論學是主張文質兼備、本末兼具，並循問學之階，上達於性道治天下。然而，乾嘉樸學的治學態度又如何呢？自珍有言：

自乾隆初元來，儒術而不道問學。所服習非問學，所討論非問學，比之生文家而爲質家之言，非律令。（註七）

又言：

黜空談之聰明，守鈍樸之迂迴，物物而名名，不使有遁。其所陳說艱難，算師疇人，則積數十年之功，始立一術。書師則繁稱千言，始曉一形一聲之故，求之五經、三傳、子、史之文而畢合，乃宣於楮帛。而且一戶牖必求其異向也，一脯醢必求其異器與時也，一衣裳必求其異尺寸也。……於是二千載將墜之法，雖不盡復，十存三四。（註八）

自珍既言乾隆初元以來，儒術非道問學、服習非道問學、討論非道問學，皆被視爲「非律令」。又說樸學家治學的態度是專尚考覈名物、訓詁文字，往往積數十年之力始立一術，遂不得不予之以「道問學」的評斷。言：

孔門之道，尊德性、道問學二大端而已矣。二端之初，不相非而相用，祈同所歸。識其初，又總其歸，代不數人，或數代一人，其餘則規世運爲法。入我朝，儒術博矣，然其運實爲道問學。（註九）

自珍以「道問學」總評乾嘉學，是有其客觀性的。這一方面是因他具有文字音韻的深厚家學，故能深入地瞭解到樸學的價值；另方面也因他洞知聖人之道之全貌是本末兼具，不可偏廢。故「道問學」之評，雖然認爲乾嘉學只得道之一端，卻也客觀地承認了它的獨立價值。這和當時學者如魏源、方東樹的反對樸學，是迥然不同的。方東樹在《漢學商兌》中，曾批評乾嘉之學曰：

眾口一舌，不出於訓詁小學、名物制度，棄本貴末、違戾詆誣，於聖人躬行求仁、修齊治平之教，一切抹殺。名爲治經，實足亂經；名爲衛道，實則畔道。（註一〇）

方氏此評，不僅認爲樸學文字詁訓的工夫，是棄本貴末，甚至以「誣經、畔道」譏詆樸學。魏源亦曾評斥樸學，曰：

自乾隆中葉後，海內士大夫興漢學，而大江南北尤盛。蘇州惠氏……徽州戴氏……爭治詁訓音聲，瓜剖釽析……錮天下聰明智慧，使盡出於無用之一途。（註一一）

然自珍並不認爲樸學是誣經、畔道，也不認爲詁訓無用。他說：「瑣碎餖飣，不可謂非學」，（註一二）「唯古則是」，方可視爲非學。語錄有載：

七十子之徒，周末漢初，去聖人則近矣，彼其徒之識道理，與屬詞比事，或尚不及後之大賢也。若非後之大賢譏之，是弗好古也。若謂過於後之大賢，則是古之瓦甒賢於今之金玉也。（註一三）

乾嘉「實事求是」的治學態度，考覈精密，誠有其特殊貢獻，故漢之儒者雖離聖人較近，然清儒之詁訓誠有勝於古者；但若「唯古則是」，就不免取古之瓦甒，而棄今之珠玉了。自珍實在能析理深切地看出乾嘉樸學的優劣點。他在〈王文簡公墓表〉中，表露對其「無徵不信、不放言溢詞」之謹嚴治學態度的欽佩，並讚美王氏《經義述聞》一書，曰：

自珍受而讀之，每一事就本事說之，慄然止，不溢一言。（註一四）

又稱美《經傳釋詞》曰：

故工部尚書王文簡公引之所譔《經傳釋詞》，……古今奇作，不可有二。（註一五）

「每一事就本事說之，不溢一言」，自珍對這種嚴謹的治學態度，是深致推崇的。

然而畢竟自珍對經學的態度，是要求文質兼備、本末兼具，循六書九數以上達於性道天下。乾嘉樸學「爲經學而治經學」的態度，只是「道問學」、只是「階」。自珍雖能公允地給它一個評價，卻也無法不公允地不對它表示不滿，他說「彼陟顚而棄本，此循本而忘顚，庸愈乎？」他在〈抱小〉一文裡，對小學家深致欽崇，但對他們把「高明廣大之用」之學，視爲「不可得聞」、或是「姑抱是（小學）以俟來者」的態度，仍表示不滿：

學文之事，求之也必劬，獲之也必創，證之也必廣，說之也必澀。不敢病迂也，不敢病瑣也。其求之不劬則粗，獲之不創則剿，證之不廣則不信，說之不澀則不忠，病其迂與瑣也則不成。其爲人也，淳古之至，故樸拙之至；樸拙之至，故退讓之至；退讓之至，故思慮之至；思慮之至，故完密之至；完密之至，故無所苟之至；無所苟之至，故精微之至。小學之事，與仁、愛、孝、弟之行，一以貫之已矣。若夫天命之奧、大道之任、窮理盡性之謀、高明廣大之用，不曰不可

得聞，則曰俟異日，否則曰：我姑整齊是、姑抱是，以俟來者。（註一六）

乾嘉樸學說理精密、無徵不信的治學態度，使自珍深爲信服；而且樸學家樸拙、退讓的仁愛孝悌的修身工夫，更爲自珍所景仰。然「六書九數爲之始，治天下爲之終」，乃聖人一貫之道。但知「道問學」而棄置「尊德性」，是有文無質，循本忘顛；何況世變日亟，悠悠蒼生，自珍用世心切，故其於外父、恩師之學傳，終於無法承襲，而慨然以「來者」自居。

第二節　治經態度的轉變

自珍以「道問學」作爲乾嘉學的批評，是經過深刻反省的。這在他治經態度的轉變上，顯然可見。蓋自珍早年曾有志寫定群經。他在〈古史鉤沈論〉中說：

> 予大懼後世益不見易、書、詩、春秋，……友朋之賢者也，……皆語自珍曰：「曷不寫定易、書、詩、春秋？」方讀百家，好雜家之言，未暇也。……又有事天地東西南北之學，未暇也。……卒不能寫定易、書、詩、春秋。（註一七）

據「己亥雜詩」自記，自珍始爲東西南北之學在年三十，（註一八）〈闡告子〉一文，始作於年廿七，（註一九）〈古史鉤沈論〉始作於年卅四；則自珍寫定群經之志，當在年三十之前，最晚亦不得超過年卅四。然則自珍所謂「寫定群經」的寫定方法爲何？他在〈古史鉤沈論三〉中，有所說明。自珍首先對經書文字之因後世僞造、刻工筆誤而不得窺其眞貌，深致慨歎，曰：

> 嗚呼！姬周之衰，七十子之三、四傳，或口稱易、書、詩、春秋，不皆著竹帛，故易、書、詩、春秋之文多異。漢定天下，立群師，置群弟子，利祿之門，爭以異文起其家，故易、書、詩、春秋之文多異。然而文、武之文，非史籀之孳也。史籀之孳，孔子之雅言，又非漢廷之竹帛也。漢之徒隸寫官，譯形借聲，皆起而與聖者並有權。然而竹帛廢，契木起，斠紬者不作，凡契令、工匠、胥史、學徒，又皆起而與聖者並有權，聖人所雅言益微。悲夫！悲夫！（註二〇）

經書流衍之初，但爲口授，不著竹帛，故其文字多異；漢興之後，群師各置弟子，又因博士官之設立，啓利祿之爭，遂使人各以異文起其家，造成經書文字之又異。而且周之文字，與史籀、孔子之雅言有異；史籀、孔子之雅言，又與漢經師之著竹帛者有異。而當竹帛廢棄契木興起之後，經書文字又再次因工匠、學徒、契令之刻誤，而產生更多的差異，最終使得聖人的雅言日益幽微難知。自珍悲歎之餘，遂慨然有志考訂經書文字之眞僞，以上復聖人之雅言。有曰：

> 將欲更定姬周之末之文章，不有考文之聖，其孰當之？將欲更漢氏也，群師互有短長，非深於義訓、勇於割聞者，不能也。（註二一）

周末經書，因口授故文字多異，非長於「考文」者不能更定。漢經師之爭以異文起家者，又各有長短，故非深於「義訓」者不能更定。自珍此意欲以「考文之聖」、「深於義訓者」自居，以更定周、漢經書之文字。至此可知，自珍前所謂「懼後世益不見五經」之「懼」，乃是重在經書「文字」之眞訛，故其寫定群經之「寫定」法，亦重在考文、校讎。他在〈與人箋〉論石經五事中，說得更爲詳細，曰：

夫定石經，必改流俗。改流俗，大指有四：一曰改僞經，東晉僞尚書，宜遂削之，其妄析之篇，宜遂復并之。一也。一曰改寫官，秦漢以來，書體屢變，歷代歷書之官，展轉訛奪，其的然可知爲訛奪者，宜改之。二也。一曰改刻工，孟蜀以來，槧本繁興，有功於經固丕，罪亦有之，展轉訛奪，流布浸廣，不如未有槧本時雌黃之易，其的然可知爲訛奪者，宜改之。三也。一曰改妄改，唐宋君臣，往往有妄改經籍者，如衛包受詔改尚書之類；宋元淺學，尤多恣改，以不誤爲誤，今宜改之如舊。四也。（註二二）

無論是改僞經、改寫官、改刻工或改妄改，皆是欲辨析眞僞，以祛除後世之訛奪者。綜觀自珍此數種寫定經書的方法，皆是重文字考覈的工夫，與乾嘉樸學相近。尤其言及定石經之「可改而不可改者」，曰：

其似可改而不可改，大指亦有四：周末漢初，不著竹帛，經師異字，不能擇於一以定，此不可改也。漢世今文古文異家法，則異字不能擇於一以定，此又不可改也。經籍假借之字，由來已久，不能必依本字，此又不可改也。疑爲寫官之誤、刻工之誤，而無佐證，思之誠是一適，改之恐召眾口，此又未可改也。……前四者旌校讎之功，後四者俟考文之聖。（註二三）

經書因經師家法之異而有異文者，不可改；假借字，由來已久，亦不可改；另外雖疑是寫工之誤，卻無佐證者，亦不可改。此種無徵不信的謹嚴治經態度，與自珍〈王文簡公墓表銘〉一文中，所言王引之之治學方法，儼然相似。（註二四）至此則更明確可知，自珍早年之治經態度，及其寫定群經之寫定方法，是承襲了外家詁訓考證的態度。亦即是自珍所謂「好學臚古」的態度。

然自珍卒未能寫定群經。據其自言是因「好雜家言，未暇也；好天地東西南北之學，未暇也」。事實上，自珍對經學態度的轉變，乃是其思想體系建立的一大關鍵，「未暇」二字實不足以概括。細繹自珍文字，發現另有一因，係出自對樸學自覺性的批判，也就是對考據工作成果的懷疑。他說：

今夫易、書、詩、春秋之文，十五用假借焉，其本字蓋罕矣。我將盡求其本字，然而所肄者孤，漢師之汎見雅記者闕，孤則不樂從，闕則不具，以不樂從之心，采不具之儲，聚而察之，能灼然知孰爲正字？孰爲假借？固不能以富矣。諸師籍令完具，其於七十子之所請益，倉頡、史籀之故，孔子之所雅言，又不知果在否焉？（註二五）

自珍前此尚憾歎五經文字因流傳、刻誤而多異文，遂欲考定之；此處卻又因經籍之儲備不全，而懷疑考定工作的效果。蓋經書本字，今可見者甚少，而漢師經籍具全者亦少，在材料儲備不全的狀況下，又如何能灼然判定孰爲本字？孰爲假借？縱使漢師經籍齊備，然其是否即爲倉頡、史籀之舊，孔子之所雅言？又未可知。於是自珍不得不對這種「臚古」的工作，下一「小賢勉而能爲之」的斷語，至其本身則說：是不足爲。曰：

無已，則我所欲糾虔，姑在夫引書變爲徒書之際乎？以與漢寫官爭；姑在夫竹帛變契木之際乎？以與後世之契令、工匠、胥史爭。所據者皆賤，所革者功不大，小賢勉而能爲之，庶幾其遂爲之，勇

改三百字。鬼不相予，乃又吳言曰：是不足爲。……則足以慰好學臚古者之志，終無以慰吾擇於一之志。（註二六）

自珍因無法肯定考據工作之結果，是否即爲聖人之雅言，故批評考文工作只不過是與漢代的寫官相爭辨，指出其引書變爲徒書的部份；或是與後世的契令工匠相爭辨，指出其刻契筆誤的部份。這種工作，所據者賤，故所革者，功亦不大。自珍憾歎之餘，遂轉其「好學臚古」之志，而爲「擇於一」之志，並宣稱不能寫定群經。曰：

吾之始猖狂也，憾姬周之末多岐，憾漢博士師弟子之多岐，今也不然，憾漢寫官之弗廣，憾契木之初之不廣，憾兵燹之不祐，憾俗士之疎而弗嗜古，無以俟予。予所憾，日益下，惡如何，惡如何。龔自珍歲爲此言，且十稔，卒不能寫定易、書、詩、春秋。（註二七）

自珍欲寫定群經之初，是憾姬周之末及漢博士弟子經籍文字之多異，使後世不知所從；至此卻反而遺憾漢寫官及契木之初，經籍流傳不廣，致使後世欲考定經籍者，所資藉鏡有所不足。故其終因所憾者日益下，遂宣稱「不能寫定群經」。

自珍卒不能寫定群經，對考據工作之多所遺憾，是爲一因，然與其本身之志向、個性，及受時代轉變之影響，亦密切有關。嘉、道二朝是清代政治、社會由治轉衰的關鍵。乾隆六十年太平盛極之下，所潛隱的衰亂危機，至嘉道以降紛紛呈顯。不僅朝廷內有林清之變，（註二八）地方上有教匪之亂，（註二九）而西北邊界帝俄的覬覦、東南海防西方勢力的滲透，更使中國遭受前所未有之風暴。專門漢學纖細平實的考證工夫，在此一動盪的時代下，是無法承襲無法推衍的。學術隨世風而易，讀書人當前所面臨的問題是國家存亡；也唯有致力於救弊革新，方能挽國勢於垂危。自珍生當此際，天才卓犖，早年立論即已留心治道人心。年廿至廿三所作〈明良論〉四篇，已對官吏之貪斂、士風之頹靡無恥、及法令之苛繁多所譏評；其自謂是「哀樂過人」之猖狂少年，故所見有「胸弗謂是」者，皆放言批評。自珍嘗謂：「天下事，舍書生無可屬」；（註三〇）又說：「十八、九讀古書，執筆道天下事」；（註三一）又說：「龔子淵淵夜思，思所以撢簡經術，通古近，定民生」。（註三二）則自珍之志向、性情，皆無法滯守「臚古」，兼以衰亂逼至，遂不得不對文字詁訓言「是不足爲」，而轉其志爲「擇於一」。

然自珍所謂「擇於一」的「一」，又係何指？他在〈五經大義終始論〉中說：

> 昔者仲尼有言：「吾道一以貫之」。又曰：「文不在茲乎！」文學言游之徒，其語門人曰：「有始有卒者，其惟聖人乎！」誠知聖人之文，貴乎知始與卒之間也。聖人之道，本天人之際，臚幽明之序，始乎飲食，中乎制作，終乎聞性與天道。（註三三）

此處自珍解釋「一以貫之」之終始之道，是：「始乎飲食、中乎制作、終乎聞性與天道」，與上節所述「本末」之「一以貫之」之道略異。倘將此二者相較，則更可明顯看出自珍治經態度的轉向；又將此處「一以貫之」之意，與自珍志寫定群經之「好學臚古」的治學方法相較，更可看出自珍治經態度的取向。

前節所述「一以貫之」之道，乃是循問學之階，以上達於性道治天下；訓詁文字爲之本，性道治平爲之顚，二者不可偏廢。然此處自珍解釋「一以貫之」則謂：「始乎飲食，中乎制作，終乎聞性與天道」，頗有著眼在治道上之意。欲明自珍此處終始一貫之意，自須與其習公羊並觀。

自珍年廿八從劉逢祿治公羊春秋，常州公羊學，治經重微言大義，不瑣瑣於文字詁訓。（註三四）自珍〈五經大義終始論暨答問〉數文，作於年卅二，受常州治學之影響自屬必然。即其年三十一作〈莊存與神道碑銘〉時，已對莊氏治經之不拘考據，但「求其實之陰濟於天下」，而「自韜污受不學之名」，深表欽崇。（註三五）其從學劉逢祿時亦曾快然賦詩，有「從君燒盡蟲魚學，甘作東京賣餅家」之句。則自珍治經態度之轉變，受公羊學之影響，顯然可見。

今觀自珍〈五經大義終始論〉，乃是取五經之「終始大義」。而所謂終始大義即：「始乎飲食、中乎制作、終乎聞性與天道」。不僅如此，自珍更將公羊「三世」的觀念，一方面與五經配合，一方面與其終始治道配合，說五經各有三世，而三世又各有其治道之所重。括言之，即自珍所謂之：「食貨者，據亂而作；祀也，司徒、司寇、司空也，治升平之事；賓師乃文致太平之事」。（註三六）食貨據亂而作，是「始乎飲食」之意；司徒百官之立，是「中乎制作」之意；而賓師文致太平，即「終乎聞性與天道」，使治道承平以上合於天道之意。自珍又雜引群經，說明此一「終始大義」的主張。而其所謂飲食、制作、聞性與天道，又全從政事治道之次第上立論。至此則顯明可見，自珍所謂之終始大義，乃是落點在「治道」上，而前所謂寫定群經的「考文」工夫，至此亦轉爲取「五經大義」。（註三七）

此一論述和自珍前所謂之文質、本末、一以貫之之道，略有差異，然這並非自珍思想之矛盾，而只是呈現自珍治經態度之取向。蓋文質兼備、本末兼具的治學態度，是聖人之道之全體。自珍對經學有此一深刻之認識，然道問學之階，須積數十年之力方立一術，然救亡圖存，卻刻不容緩；加以自珍淵淵夜思者在民生治道，用世之心又如洶湧怒潮；遂對經學之取向，著重在經之治道大義，以求經世耳。此亦不可謂自珍對經學有所偏執，蓋自珍對經學實有其「一以貫之」之態度，唯是在時代的劇變下，及對前期治經態度的反省下，做了一定奪取向。嘉、道以降，治經著重探求經之大義，以切合實用，自珍所居之地位，誠屬關鍵。

自珍早年志寫定群經的「好學臚古」的治經態度，至此遂轉向治經之「終始大義」，並使此終始大義與民生、治道之政事相結合，孔子所言「一以貫之」，自珍是循本而至顛矣。

黃宗羲言：「學必源本於經術，而後不爲蹈虛；必證明於史籍，而後足以應務」。（註三八）自珍亦嘗言：「不研乎經，不知經術之爲本源也；不討乎史，不知史事之爲鑒也」。（註三九）自珍治經，既重取其大義以求致用，言治道者必究於史，故又有「尊史」之說。

【註　釋】

註一　《全集》第十輯，「己亥雜詩」五八首自注，頁五一四。

註二　同書第三輯，〈江子屏所箸書序〉，頁一九三至一九四。

註　三　同上，〈陳碩甫所箸書序〉，頁一九五。

註　四　同上。

註　五　同上。

註　六　同前文，頁一九六。

註　七　同註二，頁一九三。

註　八　同註三。

註　九　同註七。

註一〇　方東樹《漢學商兌》（商務印書館），序例。

註一一　魏源《古微堂內外集》（文海出版社影印），外集卷四〈武進李申耆先生傳〉。

註一二　《全集》第五輯，〈與江子屏牋〉，頁三四七。

註一三　同書第八輯，「語錄」，頁四二五。

註一四　同書第二輯，〈工部尚書高郵王文簡公墓表銘〉，頁一四八。

註一五　同註一三。

註一六　《全集》第一輯，〈抱小〉，頁九三至九四。

註一七　同上，〈古史鉤沈論三〉，頁二五至二六。

註一八　同書第十輯，「己亥雜詩」第五五首，自注曰：「程大理同文修會典，其理藩院一門及青海、西藏各圖，屬予校理，是爲天地東西南北之學之始」。頁五一四。年譜繫在卅歲條之下。

註一九　同書第一輯，〈闡告子〉文末自記：「予年廿七著此篇」。頁一三〇。

註二〇　同上，〈古史鉤沈論三〉，頁二五至二六。

註二一　同上，頁二六。

註二二　《全集》第五輯，〈與人箋〉，頁三四三。

註二三　同上。

註二四　參見《全集》第二輯，〈工部尚書高郵王文簡公墓表銘〉，頁一四七至一四九。

註二五　同書第一輯，〈古史鉤沈論三〉，頁二六。

註二六　同上。

註二七　同上。

註二八　見孟森著《清代史》（正中書局），第四章第五節「嘉慶間兵事」。

註二九　嘉慶元年，湖北、四川、陝西白蓮教起義。嘉慶廿五年，新疆回民起義。

註三〇　《全集》第二輯，〈送夏進士序〉，頁一六五。

註三一　同上，〈送吳君序〉，頁一六三。

註三二　同書第一輯，〈農宗〉，頁四九。

註三三　同上，〈五經大義終始論〉，頁四一。

註三四　詳第四章第一節。

註三五　參見《全集》第二輯，〈資政大夫禮部侍郎武進莊公神道碑銘〉，頁一四一至一四三。

註三六　同書第一輯，〈五經大義終始答問一〉，頁四六。

註三七　自珍經學與公羊學之關係，詳第四章第三節。

註三八　全祖望《鮚埼亭集》（四部叢刊本），外編卷十六〈甬上證人書院記〉。

註三九　《全集》第一輯，〈對策〉，頁一一四。

第三章　自珍的尊史思想

自珍倡「尊史」之說，乃因「史存國存，史亡國亡」，故其「尊史」思想，就史意而言：是尊史之心，尊「史以為鑑」的精神，而非尊史之文字。就史文而言，自珍一方面致力於當代掌故的蒐討，以求其實之有助於治道；一方面鉤沈古史，以存史統。然其鉤沈古史之意，又非僅止於蒐討古史以存史統；而是在辨析經、史之源流此一極嚴肅之學術史的大問題下，對經學及子學，重新予以評估。這也就是他極為重要的「五經，周史之大宗」、「諸子，周史之小宗」的理論。

自珍既倡言「五經皆史」，在治學態度上又主張「正經、史之名」、尊史思想之要點又在「尊史之心」，於是自珍之經學在「五經皆史」的命題下，包孕了更精湛更實際的含意。至於將諸子之學與五經相提並論，分別視其為周史之小宗與周史之大宗，則更顯見自珍對經學和子學的地位，是作了一番新的權衡。同時自珍的「尊史」思想，又在滿、漢不平等的時代意義下，發揮出另一套創意，就是將「孔子述六經，本之史」的「六經皆史論」，附以「賓賓」的意義，而推衍出「有待後王」的革命思想。這其間的複雜意義，將詳述於後。

本文分二節論述，一曰尊史之心、一曰鉤沈古史。而鉤沈古史下又分「五經，周史之大宗」、及「諸子，周史之小宗」二目。至於「賓賓」一說，乃六經皆史論之創意，故附於「五經，周史之大宗」後討論。

第一節　尊史之心

讀史救國，本爲清初三先生所倡，唯是雍、乾以降，學問走上訓詁一途，致使史學研究亦以考證、訂譌爲務，而少談史意。乾隆晚期，國勢漸危，遂有學者出，反對考據而倡「史學經世」（註一）。自珍既屬意治道，又兼家學、有朋之切磋，早年即有志爲昭代典制之探討。故於學經之外，尤重讀史。嘗言：

> 不研乎經，不知經術之爲本源也；不討乎史，不知史事之爲鑑也。……經史之言，譬方書也，施諸後世之孰緩？孰亟？譬用藥也。宋臣蘇軾不云乎：藥雖呈於醫手，方多傳於古人。若已經效於世間，不必皆從於己出。（註二）

經史猶如醫家之方書，施於後世之緩亟輕重，譬如用藥；此即存史以爲後世殷鑑之意。自珍〈明良論〉四篇，即是用古人之方，醫今人之病。（註三）又嘗以禮樂爲例言：

> 今夫宗伯雖掌禮，禮不可以口舌存，儒者得之史，非得之宗伯。樂，雖司樂掌之，樂不可以口

耳存，儒者得之史，非得之司樂。（註四）

禮、樂乃古之典制，雖有專官掌守，卻不因專官之口授即能傳於後世；而是得靠文字的紀錄，這就是史，也是史之存，故曰：

禮樂三而遷，文質再而復，百工之官，不待易世而修明，微夫儲而抱之者乎，則弊何以救？廢何以修？窮何以革？易曰：「窮則變，變則通，通則久」。恃前古之禮樂道藝在也。（註五）

史既然在保存前朝禮樂、道藝的意義上，足可爲後世因革損益之所恃，因此自珍謂：「智者受三千年史氏之書，則能以良史之憂憂天下」。（註六）唯有能洞悉古今史事的學者，方能掌握「史以爲鑑」的精神，而以良史之憂憂天下。遂倡「尊史」之說。

然自珍之「尊史」，並未僅限於「史以爲鑑」之意，而更有以「史之存亡乃國之存亡之所繫」的深遠含義。曰：

史存而周存，史亡而周亡。……滅人之國，必先去其史；隳人之枋，敗人之綱紀，必先去其史；絕人之人材，湮塞人之教，必先去其史；夷人之祖宗，必先去其史。（註七）

自珍認爲史存周存、史亡周亡，欲滅人之國、敗壞人之綱紀、絕滅人之教化，皆必先燬去一國之史。因爲國之綱紀、人材之教化、風俗之敦正，皆賴史以得存。自珍嘗探源三代以上，以說明史之內涵、及史之存亡與國之存亡之關係，曰：

三代以上，無文章之士，而有群史之官。（註八）

又說：

周之世官大者史，史之外無有語言焉，史之外無有文字焉，史之外無人倫品目焉。（註九）

既然史之外無有語言文字、人倫品目，而且三代以上無文章之士，只有群史之官，則舉凡語言文字、人倫品目皆由史掌，皆存於史。則自珍所謂之「史」，實含括了國之綱紀及人材教化，而與一般所謂之文獻、歷史，有所不同。再者史之存亡與國之存亡有何聯繫？又曰：

自周而上，一代之治，即一代之學也。一代之學，皆一代王者開之也。……載之文字謂之法，即謂之書，謂之禮，其事謂之史職。……若士、若師儒，法則先王、先冢宰之書以相講究者，謂之學。……是道也、是學也、是治也，則一而已矣。（註一〇）

一代之治即一代之學，亦即是一代之道，由史職所掌，皆載於史。如此則士與師儒之所學，皆學於史；士與師儒之欲為治道，亦得本於史。則史之所存，非僅是存一國之典制，亦且存一國之教化。唯有典制大張、教化昌明，治、道、學三者合一，方可謂之治世，國之命脈亦方得長存，故曰「史存國存、史亡國亡」。

至此得知自珍所謂「尊史」，並非指史籍、文獻之本身，而是別有所指，即「尊史之心」是也，嘗言：

史之尊，非其職語言、司謗譽之謂，尊其心也。（註一一）

然則史之「心」如何而尊？自珍認為非得讀史者有「善入善出」的態度不可。所謂：

何如而尊？善入。何者善入？天下山川形勢，人心風氣，土所宜，姓所貴，皆知之；國之祖宗之令，下逮吏胥之所守，皆知之。其於言禮、言兵、言政、言獄、言掌故、言文體、言人賢否，如其言家事，可謂入矣。又如何而尊？善出。何者善出？天下山川形勢，人心風氣，土所宜，姓所貴，國之祖宗之令，下逮吏胥之所守，皆有聯事焉，皆非所專官。其於言禮、言兵、言政、言獄、言掌故、言文體、言人賢否，如優人在堂下號咷舞歌，哀樂萬千，堂上觀者，肅然踞坐，眄睞而指點焉，可謂出矣。（註一二）

唯有讀史者能有「善入」的態度，故能對天下山川形勢、人心風氣、國之律令、掌故、及人才之賢否詳細知悉，如同言家事一般，如此才能深切瞭然於古今之大勢，及歷代制度之利弊得失。亦唯有讀史者能有「善出」的態度，方能在洞悉得失利弊之後，肅然踞坐，審析當代之勢，以定興革救弊之緩亟輕重。故自珍曰：

> 不善入者，非實錄，垣外之耳，烏能治堂中之優也耶？……不善出者，必無高情至論，優人哀樂萬千，手口沸羹，彼豈復能自言其哀樂也耶？（註一三）

不善入者，所得非實錄；不善出者，必無高情至論。唯能善入洞悉得失，並能善出審析利弊，方可謂是善讀史者，亦方可謂「尊史之心」。然尊史之心之「心」，究爲何指？自珍又曰：

> 尊之之所歸宿如何？曰：乃又有所大出入焉。何者大出入？曰：出乎史，入乎道。欲知大道，必先爲史。（註一四）

尊史之歸宿乃在「出乎史，入乎道」，可知自珍所謂「尊史之心」的「心」，即指「道」。而所謂「道」，則是在善入善出之際，於史事中所得之啓發提示，並以此啓發提示，作爲當代治道之參考。則自珍所謂尊史，並非尊史之文字；自珍所謂之史，亦非單指歷代之典籍、文獻。故與乾嘉史家錢大昕、王鳴盛之治史著眼於考證史事大異。蓋自珍所謂之「史」，乃是包括國之典制綱紀、人倫教化，甚至輿地、風俗、經濟，實堪稱是一「文化史」之範疇。而自珍所倡「尊史之心」，亦非指史事史文，而是尊史以爲鑑之意，尊史文背後的實用「精神」。

自珍尊史，於史意倡「尊史之心」；於史文則一方面著重當時掌故的蒐討，（註一五）一方面鉤沈古史。

第二節　鉤沈古史

史之存亡乃國之存亡之所繫，則史統之存續自屬要事。周之東遷，古史及周史散佚者頗多，遂使後世於三代之禮、樂、書、易、古韻、文字、祭祀及曆法，不得窺其全貌，實乖史以垂鑑之訓。自珍深感痛惜，嘗指出周史官之大罪四、小罪四。（註一六）其後，孔子於史之存續，雖有大功三、小功三，（註一七）然孔子既歿，七十子未能見用；縱有莊周、墨翟、孟軻等沈敏辨異之士，以緒言緒行，（註一八）卻又因「聖智不同材，典型不同國，擇言不同師，擇行不同志，擇名不同急，擇悲不同感」，

（註一九）遂使此諸人，但得史之岐支，仍未能盡窺史統之全貌。自珍嘗喟歎曰：「天吝材，材吝志，志吝器，器吝情，情吝名，名吝祖」，又接著解說：

夫周，自我史佚、辛甲、史籀、史聃、史伯而後，無聞人焉；魯自史克、史邱明而後，無聞人焉，此失其材也。七十子之徒，不之周而之列國，此失其志也。不以孔子之所憑藉者憑藉，此失其器也。三尺童子，瞀儒小生，稱爲儒者流則喜，稱爲群流則慍，此失其情也。號爲治經則道尊，號爲學史則道詘，此失其名也。知孔氏之聖，而不知周公、史佚之聖，此失其祖也。（註二〇）

自珍認爲「史」自周以後，即有六失：無史之聞人，此失其材；求史不於周而於列國，此失其志；述史不以孔子之所憑藉者爲憑藉，此失其器；喜爲儒者流而慍爲群流，此失其情；號爲治經則道尊，號爲學史則道詘，此失其名；但知孔子之聖，而不知周公、史佚之聖，此失其祖。周之東遷，史官之罪已有大者四小者四，而繼志述事之諸子，又因材、志、器、情、名、祖之偏岐多失，遂致不能得史之全貌，而使三代之史統湮沈。自珍喟歎之餘，乃慨然以「鉤沈古史」自任，曰：

夢夢我思之，如有一介故老，攘臂河洛，憫周之將亡也，與典籍之將失守也，搜三十王之右史，拾不傳之名氏，補詩書之隙罅，逸於後之剔鐘彝以求之者。以超辰之法，穮不顯之年月，定歲名之所在，逸於後之布七曆以求之者。爲禮家之儒，爲小節之師，爲考訂之大宗，逸於後之彌縫同異以求之者。明象形，說指事，不比形聲，不譚孳生，稚本音，明本義，逸於後之據引申假借以求之者。本立政，作周官，述周法，正封建之里數，逸於後之雜眞僞以求之者。誦詩三百，篇綱於義，義綱於人，人綱於紀年，明著竹帛，逸於後之據斷章升諫以求之者。（註二一）

又說：「辭七逸而不居，負六失而不卹，自珍於大道不敢承，抑萬一幸而生其世，則願爲其人歟！願爲其人歟！」（註二二）是可見自珍自負以「史統存續」之任，甚且有「存史之功，大於考據」之意。

然自珍之「鉤沈古史」，除蒐討古史以存史統外，更在「辨經、史之源流」上，對經學及子學予以重新的評估，此即其所謂「五經周史之大宗」、「諸子周史之小宗」論。

一、五經周史之大宗

自珍治經重取其大義，治史又倡「尊史之心」，並批評當世的經史態度，曰：「三尺童子，瞀儒小生，……號爲治經則道尊，號爲學史則道詘，此失其名」。（註二三）以治經爲尊、治史爲詘，在自珍看來不只是事實上的錯誤，更是觀念上的錯誤，所以他說這是「失其名」。欲正其名，自須對經、史之名之先後有一番論斷，此即自珍「五經周史之大宗」的主張。既言「五經皆史」，自須對經史關係有一解說，此乃自珍五經皆史論之最精要處，而自珍的經學與史學，亦在此一主張下相互融合，成爲他經世思想的理論基礎。

自珍既欲正經、史之名，自須先辨經、史之源流。嘗論三代之時「治學合一」曰：

自周而上，一代之治，即一代之學也。……載之文字謂之法，即謂之書，謂之禮，其事謂之史職。……民之識立法之意者，謂之士。士能推闡本朝之法意以相誡語者，謂之師儒。……若士、若師儒法則先王、先冢宰之書以相講究者，謂之學。師儒所謂學有載之文者，亦謂之書。是道也、是學也、是治也、則一而已矣。（註二四）

三代之時，一代之治即一代之學。載之文字者謂之法，亦謂之書，對「治」而言是「法」；對「學」而言，則是「書」。士與師儒相互誡語、講究者，也就是此法、此書。故治、學合一，官師政教合一。且其所謂之法與書，皆由史官職守，也皆謂之史。因此治道與教化之所本，皆出於「史」。自珍嘗說明「史」之內涵曰：

周之世官大者史，史之外無有語言焉，史之外無有文字焉，史之外無人倫品目焉。（註二五）

既然周之世官，以史爲大；且史之外無語言文字、人倫品目；則可知三代之時，舉凡一切語言、文字、人倫教化之事，皆存於「史」。而所謂之語言、文字、人倫教化，又是一代之治道、禮法，亦即是自珍所謂之禮、樂。言：

今夫宗伯雖掌禮，禮不可以口舌存，儒者得之史，非得之宗伯。樂，雖司樂掌之，樂不可以口耳存，儒者得之史，非得之司樂。（註二六）

宗伯、司樂雖爲掌禮樂之官，然禮、樂之存，並非靠其口耳相傳，而是依賴史之文字。至此自珍說明，三代之禮法存於史，亦賴史之存，乃得傳於後世。然則三代之禮法爲何呢？自珍言即爲後儒所謂之「六經」。若此，則經之名先？抑或史之名先？自珍又有一番說明，曰：

又曰：

三代以上，無文章之士，而有群史之官。（註二七）

周之世官大者史，……史存而周存，史亡而周亡，殷紂時，其史尹摯抱籍以歸於周；周之初，始爲是官者，佚是也。周公、召公、太公，既勞周室，改質家蹵於文家，置太史，史於百官，莫不有聯事，三宅之事，佚貳之，謂之四聖。蓋微夫上聖叡美，其孰任治是官也？是故儒者言六經，經之名，周之東有之。（註二八）

三代之時無文章之士，但有群史之官，故三代時無私人著述之事，舉凡一切語言文字，皆由史官職掌，也皆謂之「史」。至於「經」之名，至周東遷之後才出現，可見儒者所稱之「六經」，原本即是周史所掌之史。自珍言六經與古史之關係，曰：

六經者，周史之宗子也。易也者，卜筮之史也；書也者，記言之史也；春秋也者，記動之史也；風也者，史所采於民，而編之竹帛，付之司樂者也；雅頌也者，史所采於士大夫也；禮也者，一代之律令，史職藏之故府，而時以詔王者也；小學也者，外史達之四方，瞽史諭之賓客之所爲也。……故曰：五經者，周史之大宗也。（註二九）

易，是卜筮之史；書，爲記言之史；春秋，乃記動之史；風、雅皆史官所采而著錄者；至於禮，則爲一代之律令，由史官職藏。故自珍曰：五經皆史，五經乃周史之大宗。

自珍「五經皆史」的主張，在其討論孔子與六經的關係時，更爲顯見。嘗謂：

仲尼未生，先有六經；仲尼既生，自明不作；仲尼曷嘗率弟子使筆其言以自制一經哉？（註三〇）

又謂：

龔自珍曰：孔子之未生，天下有六經久矣。莊周天運篇曰：「孔子曰：某以六經奸七十君而不用」。記曰：「孔子曰：入其國，其教可知也。有易、書、詩、禮、樂、春秋之教」。孔子所覩易、書、詩，後世知之矣，若夫孔子所見禮，即漢世出于淹中之五十六篇，孔子所謂春秋，周室所藏百二十國寶書是也。是故孔子曰：「述而不作」。（註三一）

蓋自珍認爲六經皆史，六經在孔子之前已有，故孔子對六經僅是「述」，而非「作」。所以說：「孔子述六經，則本之史」。（註三二）自珍在〈古史鉤沈論〉中亦讚美孔子有「存史」之功，曰：

夫功罪之際，存亡之會也，絕續之交也。天生孔子不後周，不先周也，存亡續絕，俾樞紐也。史有其官而亡其人，有其籍而亡其統，史統替夷，孔統修也，史無孔，雖美何待？孔無史，雖聖曷庸？（註三三）

既言功罪之際，乃在存亡之會、絕續之交；又說孔子之生不後周、不先周，「存亡續絕俾樞紐也」。可見得自珍認爲孔子之功在「存史」，而非「作經」。

自珍既不二分經史，視史爲史料、經爲聖人之有意述作。也不混同經史，因爲經史各有其不同之性質。因此如何溝通經史，尤其在治學上，極爲重要。自珍的融會之道，就是前此所論之自珍的治學態度，即：「治經重大義」、「治史尊心」。此一經史學的會通，在自珍之治春秋學時，表現的最爲明顯。蓋自珍認爲春秋是史、春秋亦含微言大義。換言之，自珍雖不言孔子作春秋而言春秋是史，卻亦承認春秋含微言大義。嘗有詩云：

> 欲從太史窺春秋，勿向有字句處求。抱微言者太史氏，大義顯顯則予休。（註三四）

此則明白表示：史書亦含微言大義。至此則自珍經、史之說得以溝通。

蓋自珍六經皆史之意，乃是將經學包含於史學之下，用治史學的態度治經學。自珍治史之態度是在「善入善出」之際，能擷取到史之精神。故其治經亦是要求能刊落名物，獲取經之大義。故其所謂「治經重義」及「治史尊心」，在意義上是相互溝通的。亦即是說經之義就是史之心，史之心就是經之義，二者之所歸趨，皆爲聖人之道。亦即是自珍所謂：循問學之階以上達於性道治天下之「性道治天下」之道。

自珍六經皆史說，立論在「古代政教官師合一」的觀念上；這和章學誠的「六經皆史」是一脈相承的。（註三五）不過二人立論之「旨」立論之用心，卻有殊異。章學誠「六經皆史」論的提出，是爲了箴砭當時樸學「道在六經」、「循詁訓以明道」的治學弊病。同時在「六經皆先王行事之述，非有意立爲文字」的主脈下，創說了一套「道」的體系，及「明道」「通經」以致用的方法。（註三六）

而自珍的六經皆史，卻在滿漢不平等的時代意義下，發揮了另一套創意。此一創意的基石，則爲「賓賓」之說。自珍嘗解釋「賓賓」二字曰：

賓也者，異姓之聖智魁傑壽耇也。（註三七）

又說：

其異姓之聞人，則史材也。（註三八）

是知自珍「賓賓」之意，乃指：「異姓之賓，處一姓之下，當以史材自任」。其實，自珍此論，深受其時代影響。蓋滿人以異族入主中國，爲箝制漢人，多設禁令；違禁者縱有經濟之才，亦不得與聞政事。自珍嘗言：

祖宗之兵謀，有不盡欲賓知者矣；燕私之祿，有不盡欲與賓共者矣；宿衛之武勇，有不欲受賓之節制者矣；一姓之家法，有不欲受賓之論議者矣。（註三九）

蓋一姓之王，其祖宗之兵謀，燕私之祿享、宿衛之武勇及一代之家法，皆不欲爲賓所與聞。自珍漢人身處清廷，其地位當然是「賓」。濟世之志不得伸展，故唯有尋之古史，見三代異姓之賓，皆知自藏：不從異姓主燕游、不問異姓主之庫藏，而唯以學史自任。（註四〇）故此，自珍在討論「賓法」的同時，亦倡導「存史」。曰：

史之材，識其大掌故，主其記載，不吝其情，上不欺其所委贄，下不鄙夷其貴游，不自卑所聞，不自易所守，不自反所學，以榮其國家，以華其祖宗，以教訓其王公大人，下亦以崇高其身，眞賓之所處矣。（註四一）

自珍指出「賓」處異姓之主之下，以存史自任，不自卑所聞、不自易所守，是賓者的最適所處。此一主張，乍睹之下，頗似退縮，然事實上卻正相反，蓋此乃自珍思想之一大進步，(註四二) 因其對「史」之尊崇，至此又更推進一層，即自珍認爲：「史」之存在完全客觀，不專爲一朝一代，而是爲千百朝代。他說：

古之世有抱祭器而降者矣，有抱樂器而降者矣，有抱國之圖籍而降者矣。無籍其道以降者，道不可以籍也。下至百工之藝，醫卜之法，……皆不能以其藝降。夫非王者卑其我法，又非王者不屑籍古之道也，又非王者敢滅前古之人民，獨不敢滅其禮樂與道藝也。道誠異，不可降；禮樂誠神靈，不可滅也。禮樂三而遷，文質再而復，……易曰：「窮則變，變則通，通則久」，恃前古之禮樂道藝在也。(註四三)

禮樂、道藝之存，當爲後代濟窮革弊之恃，是「神靈不可滅」、「人主不敢驕」的；因此古代聖王，皆備數代之禮樂，曰：

王者，正朔用三代，樂備六代，禮備四代，書體載籍備百代，夫是以賓賓。(註四四)

後王救弊之所恃，端在前代禮樂之所存，故古代王者敬備禮樂有至四代、六代以上者；而且「文質再而復，禮樂三而遷」，一代之禮樂，未必盡爲一代所用，亦未必僅爲一代所存，因此古代聖王絕不因己姓之興，而湮滅前代之禮樂。如此則史之存在完全客觀，不僅備用於一代，而是備用於百代。以上乃自珍「賓賓」說之初步：異姓之賓，當以存史自任；而且史之存在，完全客觀。

其次我們發現，自珍不僅以「賓法」自處，甚至解釋孔子之述史，亦爲「賓法」。他說：

孔子曰：「非天子不議禮，不制度，不考文，吾從周」。從周，賓法也。（註四五）

所謂「賓法」即是「異姓之賓以存史自任」。然自珍是如何將「孔子述六經本之史」之一事，詮附於「賓法」？又如何與孔子以「賓」之地位？

首先，自珍說明三代時之異姓，皆深知避忌，不與燕游不問庫藏，但以「學史」爲任。（註四六）因此周之大政名氏中，並無殷、夏、黃帝之氏，而這些異姓之人得以名世者，皆屬史材。曰：

周祚四百，其大政之名氏，姜、嬴、任、芈、姒、子之材不與焉；征伐之事，受顧命之事，共和攝王政之事，皆姬姓也。其異姓之聞人，則史材也。（註四七）

孔子本殷民宋人，於周爲「賓」；是自珍此意，頗有視孔子爲「史材聞人」者。其次，又舉孔子評「柳下惠、少連仕宦於周，是『降志』之民」之例，（註四八）表明孔子本身亦以「賓」自處。至於孔子以「賓法」（存史）自任？除前段「六經皆史」中，述及自珍推尊孔子之功在「修史」外，（註四九）此處又舉孔子「於杞宋思夏殷之文獻」之例，（註五〇）表明孔子本身亦以「存史」自任。如此，則孔子以「賓」自處，以「賓法」自任，其意顯然。

既然，孔子以「賓」自處，以「賓法」自任，則其所述之六經，地位如何？自珍有言：

孔子述六經，則本之史，史也、獻也、逸民也，皆於周爲賓也。異名而同實者也。（註五一）

「孔子述六經本之史」的「六經皆史」論，自珍前已述及。然而此處，自珍將「六經皆史」與「賓賓」思想相與結合，致使其意與前略有不同。蓋自珍認爲，孔子以「賓」居、行「賓法」，完全合於「賓賓」之道，因此他所述之六經（史），也就在著述的時代意義上，變成了「賓賓」的代表。簡言之則是：孔子居一姓之下，志不得伸，以存史自任，而六經（史）即是他存史的具體表現。此即自珍所謂：孔子「從周」之「賓法」。

「六經皆史」，既然在著述之背景上，與「賓法」相合，而「史」之存在又完全客觀，則以存史爲任的「賓」的地位，亦完全客觀。也就是說，賓所存之史，不專爲一朝一代，而賓之生，亦不專爲一朝一代，如孔子所述之禮樂，不專爲一朝一代般。故曰：

> 禮樂三而遷，文質再而復，……易曰：「窮則變，變則通，通則久」。恃前古之禮樂道藝在也。故夫賓也者，生乎本朝，仕乎本朝，上天有不專爲其本朝而生是人者在也。（註五二）

至此，試將自珍此論與其在「政教合一」觀念下所論「六經皆史」中言及士大夫「必以誦本朝之法，讀本朝之書」（註五三）以爲本朝之用者相較，則其間思想之變更，蘊義之消長殊異，脈胳顯然可見。而其中尤可注意者，則爲末句所言：「賓也者，生乎本朝，仕乎本朝，上天有不專爲其本朝而生是人者在也。」蓋賓之生，不專爲一朝一代，賓所述之史亦不專爲一朝一代，則自珍述史之意，兼含「以待後王」，顯明可見，而「賓之生不專爲清朝而生」之「革命」思想亦暗蘊矣。

綜觀自珍「六經皆史」之論，其先確是承襲章氏之緒，然其間之推衍發揮，實有溢出章氏者在，此亦時代背景使然耳。雖則其發揮處，多有「非常可怪」之論，然自珍之才，本爲不拘，取義經世，自多有牽強；識自珍者，當自其時代精神下觀之，未作毛疵之求。此即吾所謂將六經皆史與「時代精神」相結合下，所產生之創意。

二、諸子周史之小宗

在前一目，論及三代政教治學合一時，已說明「五經，周史之大宗」的命題。然而在政教治學分、師儒陵替、學術下私人（私人著述）之後，又如何呢？自珍曰：

師儒之替也，原一而流百焉，其書又百其流焉，其言又百其書焉。各守所聞，各欲措之當世之君民，則政教之末失也。雖然，亦皆出於其本朝之先王。（註五四）

是可見在政教末失之後，師儒各據所肄習之業，發爲一家之言，以期匡世。雖因材、智之差別而各有偏失，（註五五）然其言，皆出於本朝之先王。自珍又曰：

是故，司徒之官之後爲儒，史官之後爲道家老子氏，清廟之官之後爲墨翟氏，行人之官之後爲縱橫鬼谷子氏，禮官之後爲名家鄧析子氏、公孫龍氏，理官之後爲法家申氏、韓氏。（註五六）

儒爲司徒之官之後，道家老子爲史官之後，墨翟氏爲清廟之官之後，縱橫鬼谷子氏爲行人之官之後，名家爲禮官之後，法家爲理官之後，則諸子皆出於王官。王官所守者即爲史，故諸子亦源出於史，自珍有言：

孔子歿，七十子不見用，衰世著書之徒，蠭出泉流。漢氏校錄，撮爲諸子，諸子也者，周史之小宗也。故夫道家者流，言稱辛甲、老聃。墨家者流，言稱尹佚。辛甲、尹佚官皆史，聃實爲柱下史。若道家，若農家，若雜家，若陰陽家，若兵，若術數、若方技，其言皆稱神農、黃帝。神農、黃帝之書，又周史所職藏，所謂三皇、五帝之書者是也。……故曰：諸子也者，周史之支孽小宗也。（註五七）

孔子歿後七十子不見用，又時值戰國衰世，故私人著書興起，各欲措之當世以匡濟天下，此即漢氏撮錄之「諸子」。然諸子之學有言稱三代之史官者，有其本身即爲史官者。三代史官之書皆存於周史，故自珍認爲諸子是周史之小宗。他批評劉向但云道家及術數家出於史，不言其他諸家出於史，是知「五緯、二十八宿異度，而不知其皆繫於天」。（註五八）故溯源於諸子學之所出，而倡言「諸子周史之小宗」論。

自珍的經史論有一特點實堪留意，即自珍主張六經皆史，卻未標目「六經皆史」四字，而是說「五經，周史之大宗」；主張諸子皆史，亦未標目「諸子皆史」四字，而是言「諸子，周史之小宗」。自珍之所以不以「六經皆史」、「諸子皆史」爲標目，乃因「史」之一字太爲籠統，無法表明經、子之關係，故特別以「周史」冠之，再以「大宗」、「小宗」分言經、子。爲何如此曲折？蓋六經本出於史，諸子亦源出於史；唯是六經在政教治學合一之下，得周史之正統，諸子在師儒陵替政教治學二分之下，出於私人著述，得周史之支孽；故六經有「大宗」之稱，而諸子得「小宗」之名。雖則大宗、小宗之稱名有異，然皆爲「周史」則一，是可見自珍在周史的存續上，是將諸子的地位予以提高。自珍此一諸子學的重估，有其重要的學術史意義。

諸子，自漢「獨尊儒術」以來，一直無法與五經相抗。清中葉以後，汪中嘗致力於荀子、墨子的研究，而認爲六藝之傳，實賴荀子，反對理學家以孔孟相傳爲正統之說。（註五九）又謂：諸子各執一術以爲學，各欲措之當世以爲用，（註六〇）儒、墨相爭，是道不同不相爲謀，而非正統、異端之別。（註六一）汪中的諸子論，在當時，雖受到「名教之罪人」的譏斥，（註六二）然而諸子學的復興，卻漸萌芽。

章學誠在述及學術源流時，亦謂：「諸子之奮起，由於道術既裂，而各以聰明才力之所偏，每有得於大道之一端，而遂欲以易天下。其持之有故，而言之成理者，故將推衍其學術，而傳之其徒焉」。（註六三）

汪、章二人言諸子各得「道」之一端以易天下，是子學再興的一大助力。然汪中只論至正統、異端之辨，章氏雖論及子學源流，而其結論，卻是「諸子皆出于六典」。（註六四）至對「釋老」，他仍以「異端」爲視。（註六五）

而自珍對子學的重估，卻是全面性的。首先他說明六經源於史，諸子亦源於史。其次又在「六經正名」中，主張：「以經還經，以記還記，以傳還傳，以群書還群書，以子還子」，並特別強調：「經自經，子自子，傳記可配經，子不可配經」。（註六六）他說：

或曰：胡不以老子配易，以孟子、郇子配論語？應之曰：經自經，子自子，傳記可配經，子不可配經。雖使曾子、漆雕子、子思子之書具在，亦不以配論語。（註六七）

傳記可配經，子不可配經，老子是子書，故不可以配易；曾子、孟子、荀子之書亦爲「子書」，故不可以配經。然則經、傳、子三者之關係如何？有曰：

傳記也者，弟子傳其師、記其師之言也。諸子也者，一師之自言也。傳記，猶天子畿內卿大夫也。諸子，猶公侯各君其國，各子其民，不專事天子者也。（註六八）

傳記是天子畿內之卿大夫，以專事天子爲任。諸子則爲一方之公侯，不專事天子；故傳記可以配經，子不可以配經，而只是一師之自言。因此他斥責四書的編纂，是將孟子夷於二戴記之間，以「傳記」視孟子，名爲尊孟子，而其實是卑視孟子。曰：

今出孟子於諸子，而夷之於二戴所記之間，名爲尊之，反卑之矣。子輿氏之靈，其弗享是矣。（註六九）

蓋自珍認爲孟子本爲一師自言，不專事經。今取之與大學、中庸、論語並列，名爲闡六經，實則夷孟子「一師之言」，而使其配事天子；卑孟子「一方公侯」之位，而使其爲天子畿內之卿大夫耳。

由自珍所舉之例言，傳記，猶天子畿內之卿大夫，諸子，猶公侯各君其國、各子其民，不專事天子。至此，吾人對自珍所謂「五經周史之大宗」、「諸子周史之小宗」，更能了然。即是說：倘使六經是天子，則傳記是卿大夫，是天子的附庸。而諸子則各掌封國，不專事天子，各成其一家之言。如此自珍一方面在「一家之言」上，肯定了「諸子」的價值，一方面也在「經、子同出於史」的來源上，提高了諸子的地位。

自珍的經、史學是有其一貫主張的。他的五經皆史論及尊史之心論，都說明他是用治史的態度治經，治經就是治史。因此他治經取經之大義，強調經學要在史學上發揮，方能得其眞精神。而所謂經學與史學的精神之所在，即是經之「義」，也就是史之「心」。經之義，非指文字之意而是微言大義；史之心，非指文字褒貶而是史事活用爲鑑之心。聖人之道是以「文字訓詁」爲之階，而以「性道治天下」爲之終，一以貫之的極致，必須要循問學以達於治天下，自珍尊史之「心」之意即此。

【註釋】

註一　章學誠《文史通義》內篇二〈浙東學術〉曰：「史學所以經世，因非空言著述也」。汪中《述學》（四部備要本）別錄〈著朱武曹書〉曰：「中嘗有志於經事，而恥爲無用之學。故於古今制度沿革、民生利病之事，皆博聞而切究之，以待一日之遇。……何苦耗心勞力飾虛詞以求悅世人哉？」

註二　《全集》第一輯，〈對策〉，頁一一四至一一七。

註三　同上，〈明良論四〉末，段玉裁評曰：「四論皆古方也，而中今病，豈必別製一新方哉？」，頁三六。

註四　同上，〈古史鉤沈論二〉，頁二一。

註五　同上，〈古史鉤沈論四〉，頁二八。

註六　同上，〈乙丙之際箸議第九〉，頁七。

註七　同上，〈古史鉤沈論二〉，頁二一至二二。

註　八　同書第四輯，〈商周彝器文錄序〉，頁二六七。

註　九　同註四。

註一〇　《全集》第一輯，〈乙丙之際箸議第六〉，頁四。

註一一　同上，〈尊史〉，頁八〇。

註一二　同前文，頁八〇至八一。

註一三　同前文，頁八一。

註一四　同上。

註一五　自珍對當代掌故之蒐討，見第一章生平；或參考吳昌綬所編年譜。

註一六　《全集》第一輯，〈古史鉤沈論二〉，頁二二至二三。

註一七　同上，頁二三。

註一八　〈古史鉤沈論二〉：「孔雖殁，七十子雖不見用，王者之迹雖息，周曆不爲不多，數不爲不躋，府藏不爲不富，沈敏辨異之士，不爲不生，緒言緒行之迹，不爲不族。莊周隱於楚，墨翟傲於宋，孟軻端於齊、梁，公孫龍譁於齊、趙之間，荀況廢於道路，屈原淫於波濤，可謂有人矣！」，頁二四。

註一九　同上。

註二〇　同上。

註二一　同前文，頁二四至二五。

註二二　同前文，頁二五。

註二三　同前文，頁二四。

註二四　同書第一輯，〈乙丙之際箸議第六〉，頁四。

註二五　同上，〈古史鉤沈論二〉，頁二一。

註二六　同上。

註二七　同書第四輯，〈商周彝器文錄序〉，頁二六七。

註二八　同書第一輯，〈古史鉤沈論二〉，頁二一。

註二九　同上。

註三〇　同上，〈六經正名〉，頁三八。

註三一　同前文，頁三六至三七。

註三二　同書第一輯，〈古史鉤沈論四〉，頁二八。

註三三　同書第一輯，〈古史鉤沈論二〉，頁二四。

註三四　同書第十輯，「己亥雜詩」，頁五三七。

註三五　關於自珍六經皆史，承學誠六經皆史之緒者，參考金毓黻著《中國史學史》（國史研究室編印）第一章「古代史官概述」之「古人學在王官」，及第二章「古代史家與史籍」之「六經皆史之釋義」。又，參考錢穆著《中國近三百年學術史》（臺北：商務，一九七二），第九章「章實齋」，及第十一章「龔自珍」。

註三六　關於章學誠「六經皆史」立論之旨，錢穆有言：「實齋文史通義倡六經皆史之說，蓋所以教當時經學家以訓詁、考覈，求道之流弊」。參考其所著《中國近三百年學術史》第九章「章實齋」。及余英時著《論載震與章學誠》內篇五，「章實齋的『六經皆史』說與『朱陸異同』論」之「六經皆史說發微」。

註三七　《全集》第一輯，〈古史鉤沈論四〉，朱刻本題曰「賓賓」，頁二七。

註三八　同上。

註三九　同上。

註四〇　同書第一輯，〈古史鉤沈論四〉曰：「賓也者，異姓之聖智魁傑壽耇也。其言曰：臣之籍，外臣也；燕私之游不從，宮庫之藏不問，世及之恩不預，……是故進中禮，退中道，長子孫中儒，學中史。」，頁二七。

註四一　同上文，頁二八。

註四二　「異姓之賓以存史自任」，乃自珍「賓賓」思想之初層，其意義實有更深邃者。蓋自珍生值清勢漸陵之際，舉國方酣沈太平；自珍以異姓之賓，又喜發盛世危言，人以「狂生」目之。故其文字多所障蔽，然其識之也深，憂之也切。研讀自珍文字，自必於其隱晦處索求，乃得眞意。

註四三　同書第一輯，〈古史鉤沈論四〉，頁二八。

註四四　同前文，頁二七。自珍「賓賓」之意有二，一指「異姓之賓以存史自任」，一指「所存前代之史」。此處則屬後者。

註四五　同前文，頁二七至二八。

註四六　參考註二六。

註四七　《全集》第一輯，〈古史鉤沈論四〉，頁二七。

註四八　同書第一輯，〈古史鉤沈論四〉：「周初，武王舉逸民，其衰也，有柳下惠、少連。禽也洞雅博物，少連躬至行，孔子皆謂之『降志』之民。」，頁二八。

註四九　參考本節前段。

註五〇　《全集》第一輯，〈古史鉤沈論四〉：「杞不能徵夏，宋不能徵殷，孔子於杞宋思獻」。頁二八。又，〈古史鉤沈論二〉：「夏之亡也，孔子曰：『文獻杞不足徵』。傷夏史之亡也。殷之亡，曰：『文獻宋不足徵』，傷殷史之亡也。」，頁二二。

註五一　同上，〈古史鉤沈論四〉，頁二八。

註五二　同上。

註五三　同書第一輯，〈乙丙之際箸議第六〉曰：「自周而上，一代之治，即一代之學也，……若宰、若大夫，……陳於王、采於宰，信於民，則必以誦本朝之法，讀本朝之書爲率。」，頁四。

註五四　同上。

註五五　參考本章第二節「鉤沈古史」。

註五六　《全集》第一輯，〈乙丙之際箸議第六〉，頁四。

註五七　同上，〈古史鉤沈論二〉，頁二一至二二。

註五八　同前文，頁二二。

註五九　汪中《述學》補遺〈荀卿子通論〉：「自七十子之徒既歿，漢諸儒未興，中更戰國、暴秦之亂，六藝之傳賴以不絕者荀卿也。周公作之、孔子述之、荀卿子傳之，其揆一也。」

註六〇　汪中《述學》內篇三〈墨子後序〉：「昔在成周，禮器大備，凡古之道術，皆設官以掌之。官失其業，九流以興，于是各執一術以爲學。」

註六一　同上，〈墨子序〉言：「自墨者言之，則孔子魯之大夫也，而墨子宋之大夫也，其位相埒，其年又相近，其操術不同，而立言務以求勝，此在諸子百家，莫不如是。……歸於不相爲謀而已矣。」

註六二　翁方綱《復初堂文集》（文海出版社）卷十五〈書墨子〉：「有生員汪中者，則公然爲《墨子》撰序，自言能治墨子，且敢言孟子之言『兼愛無父』爲誣墨子，此則又名教之罪人，乃無疑也。」

註六三　章學誠《文史通義》內篇四「言公」上。

註六四　章學誠《文史通義》內篇「詩教」上：「諸子之爲書，其持之有故而言之成理者，必有得於道體之一端，而後乃能恣肆其說以成一家之言也。所謂一端者，無非六藝之所該，故推之而皆得其所本。……老子…莊子……，易教也。鄒衍…關尹…，書教也。管商…禮教也。申韓…，春秋教也。其他楊墨尹文之言，蘇張孫吳之術，辨其源委，挹其旨趣，……知爲六典之遺也。」

註六五　章學誠《校讎通義》內篇三〈漢志諸子第十四〉之五：「儒與名法，其原皆出於一，非若異端老釋，屏去民彝物則，而自爲一端者比也。」

註六六　皆見《全集》第一輯，〈六經正名答問五〉，頁四〇及四一。

註六七　同前文，頁四一。

註六八　《全集》第一輯，〈六經正名〉，頁三八。

註六九　同上。

第四章　自珍的公羊學

自珍年二十八從劉逢祿習公羊春秋，並與魏源友善，源亦治公羊。然自珍於公羊學之取捨及運用，卻與劉、魏頗異。劉、魏之治公羊，或闡何休條例、或著董子發微，都是用專門治經書的態度，來研析公羊，務使條例明暢，大義彰顯。而自珍之於公羊，不僅未鑿鑿於條例之辨，甚至認爲春秋是史，三傳皆傳春秋。這一方面與他「六經皆史」的思想有關，一方面卻也可說是自珍對公羊的「獨具心裁」。

他既不斤斤於條例之辨；亦不爭西、東漢，今、古文之孰眞孰僞；更未嘗高倡「上復西漢今文」之論；而只是直捷地擷取了公羊中的數端大義，加以靈活地運用到實際的政論上去。例如：他以「三世」大義解群經，認爲五經皆含聖人終始治道：又用「三世」觀解釋歷史，使得歷史的演進，由據亂、升平而太平，成爲積極可達。又以公羊之律救正當世之律，及引公羊之微言以譏議時政。凡此種種，都顯示了自珍公羊學的最大特色，就是：改變了以往論大義於「典籍」的態度，使成爲論大義於「現實民生」。

本章分三節論述：首論常州學之興起與發展，次論自珍與劉、魏公羊學之異同，再論自珍公羊學之特色。

第一節　常州學的興起與發展

常州之學始於武進莊存與，存與與戴震同時，二人交相友善，（註一）然治學途徑迥異。戴震為一代儒宗，倡「訓詁明而後義理明」的治學方法；而存與治經卻不瑣瑣於章句訓詁，亦不辨眞僞，但醇深於先聖之微言大義。阮元嘗序其書曰：

> 於六經皆能闡抉奧旨，不專專為漢宋箋注之學，而獨得先聖微言大義於語言文字之外。斯為昭代大儒。（註二）

存與亦自言曰：

> 辨古籍眞僞，為術淺且近者也，且天下學僮盡明之矣，魁碩當弗復言。古籍墜湮十之八，頗藉僞書存者十之二，帝胄天孫，不能旁覽雜氏，惟賴幼習五經之簡，長以通於治天下。昔者大禹謨廢，「人心道心」之旨、「殺不辜寧失不經」之誡亡矣；……今數言幸而存，皆聖人之眞言，言尤痾癢關後世，宜貶須臾之道，以授肄業者。（註三）

蓋存與以為，學業當求其痾癢關於治道者，勿須瑣瑣於辨其眞僞。故舉僞古文尚書中之數言，以明先聖垂教、治平之大義。（註四）

又於諸經之中，特重春秋公羊。著《春秋要指》，說明春秋乃聖人約文示義，垂法以示天下後世者。曰：

春秋……垂法示天下後世以聖心之極，……史不能究。（註五）

春秋，……經世之志。（註六）

春秋，……非記事之史，所以約文而示義也。（註七）

又著《春秋正辭》，依公羊條例，闡明聖人大義。正辭序自言：

爲檃括其條，正列其義，更名曰正辭。（註八）

所正之辭凡九目。（註九）其友人朱珪爲正辭序，亦曰：

義例一宗公羊，起應實述何氏。……條例其目，屬比其詞，若綱在綱，如機省括，義周旨密，博辨宏通。……近日說經之文，此爲卓絕。（註一〇）

今觀其書，亦是據公羊條例、書法闡明大義。然存與治春秋雖宗公羊，卻亦兼采左氏、穀梁，及宋元諸儒之說。阮元序其書，引李晴川言，曰：

春秋則主公羊董子，雖采左氏、穀梁氏及宋元諸儒之說，而非如何劭公所譏倍經任意，反傳違戾也。（註一一）

存與不僅治公羊兼采左、穀；即治群經，亦不辨其僞，不爭今、古文。故於公羊之外，兼治周官、毛詩，著有《周官記》、《毛詩說》等書。這和後來的常州學者專治公羊，罷黜古文不同。

方乾隆時，學者治經莫不由《說文》《爾雅》入，存與卻刊落名物，直求經義，使之有濟於天下。此種學旨，在當時誠爲一時孤徑。存與亦自知如此，故未嘗以經學自名，所著諸書亦不刊版行世，世遂亦無聞。（註一二）得其傳者，唯弟子、子孫數人而已。

存與侄述祖，嘗從之學，著《夏小正經傳考釋》，亦嘗論《春秋》曰：

春秋之義以三傳而明，而三傳之中又以公羊家法爲可說，其所以可得而說者，實以董大中綜其大義，胡毋生析其條例，後進遵守不失家法，至何邵公作解詁，悉檃括就繩墨，而後春秋非常異義可怪之論，皆得其正。（註一三）

是知，述祖治春秋於三傳不偏廢，唯是特重公羊家法，與何氏條例。述祖有甥劉逢祿，嘗從之學，自言於春秋獨發神悟，又謂諸經中，知類通達，微顯闡幽者，厥唯公羊一書。故研精覃思，探原董生，發揮何氏。所著有關春秋之書，十有餘種。（註一四）常州公羊學自此始明白樹立。

前言已及，存與治經，不棄古文，即於春秋，亦兼采三傳。逢祿雖承外家之緒，然其治春秋，卻獨尊公羊。辨「左氏乃史，穀梁不傳微言」，曰：

左氏以良史之材，博聞多識，本未嘗求附於春秋之義，後人增設條例，推衍事蹟，強以爲傳春秋，……名爲尊之，實則誣之。（註一五）

穀梁，……孔子以爲中人以下者，……傳章句不傳微言。（註一六）

又著《左氏春秋考證》，言《左傳》乃《晏子春秋》、《呂氏春秋》之類，具載春秋時之史事，卻未聞聖人口受微恉，是史書，而非解經之傳。故其本名應爲《左氏春秋》，至於《春秋左氏傳》之名，乃劉歆所改。（註一七）是此，則尋求聖人立法制作之意，但在公羊矣。其《春秋公羊經何氏釋例》自序言：

昔孔子有言：「吾志在春秋」。……蓋孟子所謂：行天子之事，繼王者之迹也。……傳春秋者，言人人殊，惟公羊五傳當漢景帝時，乃與弟子胡母子都等記於竹帛，是時大儒董生下帷三年，講明而達其用，而學大興。……綿延迄於東漢之季，……賴有任城何邵公，修學卓識，審決白黑，而定尋董胡之緒，補莊顏之缺。……董何之言，受命如嚮，然則求觀聖人之志，七十子之所傳，舍是奚適焉？（註一八）

春秋乃孔子受命改制，爲萬世立法之作，口受微言，七十子所傳，端在公羊一家。傳公羊者，西漢有董仲舒，東漢有何邵公，而董、何之中，又以何氏最精條例，張目三科九旨，以明聖人微言大義。故逢祿於董、何二氏之中，又特尊何休。其《公羊春秋何氏解詁箋》自序云：

何氏生古文盛行之日，廓開眾說，整齊傳義，傳經之功，時罕其匹。余寶持篤信，謂晉唐以來之非何氏者，皆不得其門，不升其堂者也。（註一九）

又曰：

無三科九旨則無公羊，無公羊則無春秋，尚奚微言之有？（註二〇）

故「尋其條貫、正其統紀」爲《春秋公羊經何氏釋例三十篇》，發明何氏「張三世」、「通三統」、「絀周王魯」、「受命改制」諸義。又析其疑滯，爲《公羊春秋何氏解詁箋一卷》，並言：「自信於何氏繩墨少出入」。（註二一）又舉公羊何氏之言，以論論語，著《論語述何》，謂：「論語總六經之大義，闡春秋之微言」。（註二二）並以公羊之說，旁及群經，著《議禮決獄》（即《春秋公羊議禮》），以公羊說禮。又以公羊比詩經、易經。（註二三）至此，常州公羊之學，始明白樹立。

逢祿於經取微言大義，是常州薪傳。然其治學方法、卻延吳、皖一脈，重家法、條例。這在他重何休甚於董生，最可得見。其所著《公羊經何氏釋例》自序言：

> 大清之有天下，百年開獻書之路，招文學之士，以表章六經爲首，於是人恥鄉壁虛造，競守漢師家法。若元和惠棟氏之于易，歙金榜氏之于禮，其善學也。祿……嘗以爲學者莫不求知聖人，聖人之道備乎五經，而春秋者，五經之莞鑰也。先漢師儒略皆亡闕，惟詩毛氏、禮鄭氏、易虞氏有義例可說。而撥亂反正，莫近春秋，董何之言，受命如響。然則求觀聖人之志，七十子之所傳，舍是奚適焉？（註二四）

又，《何氏解詁箋》自序言：

> 余嘗以爲經之可以條例求者，惟禮喪服及春秋而已。經之有師傳者，惟禮喪服有子夏氏，春秋有公羊氏而已。漢人治經，首辨家法，……於先漢則古詩毛氏，於後漢則今虞氏易，……然毛公詳故訓而略微言，虞君精象變而罕大義。求其知類通達，微顯闡幽，則公羊傳在先漢有董仲

舒氏，後漢有何邵公氏，子夏傳有鄭康成氏而已。先漢之學務乎大體，故董生所傳，非章句訓詁之學也。後漢條理精密，要以何邵公鄭康成二氏爲宗。喪服之於五禮，一端而已。春秋始元終麟，天道浹、人事備，以之網羅眾經，若數一二而辨白黑也。(註二五)

前一段文字說明治經當守家法，後一段文字說明研經當循條例。春秋公羊，不僅浹天道、備人事，撥亂反正，而且有家法、有條例可尋。今觀逢祿研治公羊之方法，亦是正列條例，屬比其事，又名其書曰「釋例」，則其治學方法之沿承吳、皖，顯然可見。(註二六)

綜上所述可知，逢祿治春秋獨尊公羊，雖不斥古文，然其治學態度之重家法、條例，卻已啓後世「尊今文之有家法，斥古文之無師傳」之端倪矣。

劉氏弟子有龔自珍、魏源，皆治公羊。常州公羊學，至此二人有一劇變，亦至此二人之變之後，方大顯於世，甚至披靡天下，影響晚清學術至深且鉅。若簡言之，其影響一則爲今文經學的樹立；一則爲援經議政的開創。此處先言今文經學的樹立。

欲言今文經學的樹立，不得不溯源於劉逢祿治經的重家法、師傳。其始，常州學在莊存與時，只是治公羊，並未曾爭辨今、古文之眞僞，亦未曾排斥古文。到劉逢祿時，方才辨左傳不傳春秋，又詳析群經中之何有家法？何有師傳？雖未嚴斥古文，卻已漸露今、古文經之界限。迨其弟子魏源，承其治學重家法之一脈，遂至倡「上復西漢今文家法」，而不屑於「東漢古文之鑿空無師傳」矣。

魏源治經既重家法，故嘗著《兩漢經師今古文家法考》，說明漢儒群經之傳受源流。謂：西漢經師承七十子微言大義，群經傳授皆守家法；然東漢諸儒卻混淆今、古文，創異門戶，迨至東漢之學興，則西漢博士之家法亡。（註二七）又謂：西漢今文乃專門之學，遠勝東漢古文之鑿空無師傳。遂倡上復西漢微言大義之學。著《書古微》，發揮西漢今文尚書家言，摒棄東漢古文之鑿空無師傳。序言曰：

《書古微》何爲而作也？所以發明西漢尚書今古文之微言大義，而闢東漢馬鄭古文之鑿空無師傳也。（註二八）

此處所謂「西漢今古文」，今文是指歐陽、夏侯受自伏生者，古文是指史記、孔安國之所傳。孔安國雖得古文尚書於孔壁，然嘗受學於歐陽生，亦嘗以今文較古文，而司馬遷亦曾從學於孔安國，故魏源認爲：西漢今、古文，本即一家。（註二九）至於東漢馬鄭古文尚書，魏源曰：

西漢之古文與今文同。東漢之古文與今文異。上無師傳，且皆背反師傳，其不可信。……西漢今古文皆出伏生，凡伏生大傳所言者歐陽必同之，大小夏侯必同之，史遷所載孔安國說必同之。猶詩齊魯韓三家實同一家。此漢儒師說家法所最重。若東漢古文則不然，馬融不同於賈逵，賈逵不同於劉歆，鄭玄又不同於馬融，……試問：何爲古文鄭師馬，而異於馬？馬師衛賈，而……異於衛賈？……孰眞古文？孰非古文乎？孰……有師傳家法乎？無師傳家法乎？鄉壁虛造、隨臆師心，不知傳受於何人，其不可信者。……予尋繹有年，深悉東漢杜林馬鄭之古文，依託無稽，實先東晉梅傳而作僞，不惟背伏生、背孔安國，而又鄭背馬、馬背賈，無一師傳之可信。（註三〇）

西漢今文尚書，三家皆出自伏生，故所言相同。而東漢古文尚書，不僅非伏生所傳，並且鄭、馬、衛、賈互相承襲之間，又入出多異，故魏源斥其爲依託無稽、鄉壁虛造，純係僞作，絕不可信。遂主張當燬棄罷黜於學宮，以免惑世誣民；而立於學宮者，自當取西漢今文專門之學。曰：

僞古文之臆造經傳，上誣三代，下欺千載，今既罪惡貫盈，閱實詞服，即當黜之學校，不許以僞經出題考試，不許文章稱引，且燬僞孔傳、僞孔疏及蔡沈集傳，別頒新傳新疏，而後不至於誣世誣民，……則欲立學宮，舍西漢今文家專門之學，其將誰歸？（註三一）

至此，尚書繼公羊今文之後，亦有今文之學。

魏源不僅主張尚書當上復西漢今文，即詩經亦主張上復西漢，著《詩古微》序曰：

《詩古微》何以名？曰所以發揮齊魯韓三家詩之微言大義，補苴其滲漏，張皇其幽眇，以豁除毛詩美刺正變之滯例，而揭周公、孔子制禮正樂之用心於來世也。（註三二）

西漢經師承七十子之傳，詩有齊魯韓三家，而毛詩乃晚出古文，未傳周孔大義，故當上復西漢三家之舊，以明聖人之志。至此，詩亦有今文之學。魏源著《詩古微》，劉逢祿嘗爲之序，曰：

皇清漢學昌明，武進張氏始治虞氏易、曲阜孔氏始治公羊春秋，今文之學萌芽漸復。……邵陽魏君默深，治經好求微言大義，由董子書以信公羊春秋，由春秋以信西漢今文家法。……於書則專申史記，伏生大傳及漢書所載歐陽、夏侯、劉向遺說，以難馬鄭。于詩則表章魯、韓墜緒，以匡傳箋。既與于說重規疊矩，其所排難、鉤沈起廢，則又皆足干城大道，張皇幽眇，申先師敗續失據之謗，箴後漢好異矯誣之疾，使遺文湮而復出，絕學幽而復明。……予向治春秋今文之學，有志發揮成一家言，作輟因循，久未卒業，深懼大業之陵遲，負荷之隕墜，幸遇同志，勇往斯道，助我起予。昔之君子，其亦有樂於斯乎？（註三三）

逢祿首先舉出張惠言治虞氏易、孔廣森治春秋公羊，是今文經學的萌芽；繼又明析魏源之治今文，是由信董子春秋，而信公羊家法，由信公羊家法，而信西漢今文家法。並讚美魏源上復西漢今文家法，是使「遺文復出」，使「絕學復明」。即魏源本身亦嘗言「上復西漢群經」，曰：

今日復古之要，由詁訓聲音以進於東京典章制度，此齊一變至魯也。由典章制度以進于西漢微言大義，貫經術、政事、文章於一，此魯一變至道也。（註三四）

蓋有清乾嘉之學宗許鄭，乃是東漢之傳；然東漢諸經無師傳家法，不含聖人大義；故魏源主張當上復西漢群經之有師傳、有家法者，唯其有師傳，方得受聖人微言大義耳。魏源雖未曾一一言及群經之今文，然其《書古微》、《詩古微》之作，獨尊西漢尚書及齊、魯、韓三家詩，實已開「今文經學」之端緒。

其次，劉逢祿雖未如魏源般，有主張今文經的著作，然在這篇〈詩古微序〉中，有段文字，已微露此意，曰：

今學之師承，遠勝古學之鑿空。非若左氏不傳春秋，逸書、逸禮絕無師說，費氏易無章句，毛詩晚出自言出自子夏，而序多空言，罕傳大義，非親見古序之有師法之言。（註三五）

既言今學有師承非古學可及，又詳析毛詩、逸書、逸禮、費氏易之非西漢師傳，則其所謂「有志發揮成一家之言」之意，甚可明瞭；又其以「上復今文家法」稱魏源為「同志」，則更可顯見。所以說，常州學的由公羊一家，遍及今文群經，劉、魏實屬關鍵。自然，劉、魏所謂的上復西漢今文，並非認為古文群經皆偽，（註三六）這和晚清今文學家如康有為所說的「六經是孔子所作，古文乃劉歆偽造」（註三七）又異。然而無論如何，常州學的由治公羊一家，遍至尊今文群經，是從魏源始漸樹立的。

其次，再論「援經議政」的開創。常州學在莊、劉之時，雖是重微言講大義，然其言「義」之範圍不出典籍，治經之方法不出「釋例」。雖有「張三世」、「通三統」之說，卻均屬文字工夫，距孔子所謂：「見諸行事之深切著明」者尚遠。迨至龔、魏方將經義與政事結合。魏源所言：「由典章制度以進于西漢微言大義，貫經術、政事、文章於一」即是。其本身亦多留心時務，著《聖武記》、《海國圖志》，又多論東南漕運、制夷之方等等。然其治經之途轍，終究不脫家法觀念，故落入考據窠臼，非真能於經術政事處見公羊精神。（註三八）而自珍之治公羊，不僅刊落條例，亦不爭今、古文，而是在實際的政論上，運用公羊大義，發揮了一套盛世危言。常州學發展至此，方才將聖人之志，與時務民生完全配合。也唯有在將時務民生與經義相配合發揮之後，常州學之眞精神方大顯於世。恰又正值清勢衰微，外患頻仍之際，救亡圖存，刻不容緩，專門漢學名物制度，豈能濟用？迨至鴉片戰爭失敗，喪辱國權，更是前所未有之奇恥大辱。公羊「三科九旨」、「興王改制」諸義，正合時誼，遂皆成為有識之士援經議政之憑藉。風氣所趨，時勢所逼，常州之學遂至披靡天下，而居此援經議政之首開風氣者，實屬自珍。

第二節　自珍與劉逢祿、魏源公羊學之異同

自珍與魏源同從學於劉逢祿，三人皆治公羊，然自珍與其二人之間，頗有差異。劉氏之治公羊，循「條例」以明大義，又罷黜左氏，強調經史之異。魏源「上復西漢今文」的主張，更顯示了今、古文經的壁壘漸立。然自珍之治公羊，不僅摒棄經、史之爭及今、古文之爭，亦刊落條例，而逕尋微言大義的實際運用於時政，亦即是「援經議政」。此節先論自珍公羊學與劉、魏之異。

一、孔子與春秋

劉逢祿既治春秋重微言大義，故主張春秋爲孔子所作，（註三九）是經非史，並且只有公羊一家傳聖人微言大義，穀梁傳章句不傳微言；（註四〇）至於左氏，乃是史書，而非春秋經之傳，故其本名應爲《左氏春秋》，與《晏子春秋》同類，至於《春秋左氏傳》之名，乃是劉歆所僞造，殊不可信（註四一）此處有二點須與自珍相較，一是：孔子作春秋，春秋是經非史；一是左氏乃史，不傳春秋。

在前面，我們已討論過，自珍認爲孔子之功是在「統修歷史」，而六經就是孔子據史書之所述，因此有「六經皆史」之說，其中並特別言明「春秋乃記動之史」。此處，自珍又將「孔子與六經的關

係」，加以更清晰的說明：

龔自珍曰：孔子之未生，天下有六經久矣。莊周天運篇曰：「孔子曰：某以六經奸七十君而不用」。記曰：「孔子曰：入其國，其教可知也，有易、書、詩、禮、樂、春秋之教」。孔子所覩易、書、詩，後世知之矣，若夫孔子所見禮，即漢世出于淹中之五十六篇，孔子所謂春秋，周室所藏百二十國寶書是也。是故，孔子曰：「述而不作」。（註四二）

又說：

仲尼未生，先有六經；仲尼既生，自明不作；仲尼曷嘗率弟子使筆其言以自制一經哉？（註四三）

既然六經在孔子之前，早已存在，孔子又自言「述而不作」，所以，孔子與六經的關係只是「述」而沒有「作」。至於春秋，自珍既明言曰：「周室所藏百二十國寶書」，則春秋是史書，而非孔子所「作」之「經」，是顯然可見的。這是自珍和劉逢祿及晚清諸今文經學家，最基本的差異。

至於左氏、劉歆與春秋的關係，自珍一方面認爲左氏是史；一方面卻也主張左氏與公、穀同傳春秋。前者和劉逢祿的意見是一致的，而後者卻否。劉氏認爲春秋是經，公羊獨傳微言大義；左氏乃史，不傳春秋。而自珍卻認爲左氏傳春秋，他在〈六經正名〉中，將六經各配以若干傳，其中「春秋」下曰：

又說：

左氏春秋（宜剔去劉歆所竄益）、春秋公羊傳、鄭語一篇，及太史公書，以配春秋。（註四四）

春秋之有公羊、穀梁、左氏、鄒、夾氏，亦傳也。（註四五）

可見，他承認左氏與公羊、穀梁一樣，皆爲春秋之傳。倘將前所言之「春秋是記動之史」，「春秋是百二十國寶書」，與此處所言「左氏是史」、「左氏亦爲春秋之傳」並觀，則可得知自珍認爲，春秋與左氏皆補史統。（註四六）而其與劉氏之異則在：一言春秋是史，一言春秋是經。

然事實上自珍所說「春秋是史」的含意，並非如此單純。自珍從劉氏治公羊，所受即是微言大義之學，而其本身亦以此自任，嘗云：「端門受命有雲礽，一脈微言我敬承。」（註四七）況且，自珍又將公羊、穀梁配春秋，可見他亦認爲春秋有「聖人大義」存在。他曾說：

春秋當興王，假立是吏而作。（註四八）

又說：

周，文家也。穀梁氏不受春秋改制大義，故習於周而爲之說。春秋，質家也，公羊氏受春秋改制大義，故習於春秋而爲之說。（註四九）

又著《春秋決事比》，序曰：

凡建五始，張三世，存三統，異內外，當興王，及別月日時，區名字氏，純用公羊氏；求事實，間采左氏；求雜論斷，間采穀梁氏。（註五〇）

既言「春秋當興王」，「受改制大義」，而且采用公羊「三科九旨」之說，卻又同時兼取左氏、穀梁，不因春秋是史，而廢公羊，亦不因公羊微言大義，而廢左氏。可見自珍之治春秋，於三傳兼采，既重史事，亦重微言。如依今文家主張：春秋乃孔子所「作」之「經」非是「史」，所以有微言大義存在。（註五一）則自珍所謂：孔子述而「不作」，春秋是「史」，亦含「微言大義」，就成了極大的矛盾。（註五二）然自珍對於經、史，卻有其自成體系的主張，這在他正經、史之名，及五經皆史中，已可概見。（註五三）他一方面言「五經皆史」，一方面倡「尊史之心」，尊史之「心」的意義，乃是欲使文字記載的「史事」，在「善入善出」的後史氏的治史態度下，能完全「活用」起來；亦即是能完全了然於歷代制度之得失，而後再審度當世，以為施政定奪。自珍此意乃在強調，史之可尊，非尊其文字，乃尊其精神，尊其活用為鑒之精神。而「五經皆史」的主張，也在說明「經」的意義，必須要在「史」的精神上得以發揮，方才得「經」之眞精神之所在。即是指「經」的眞精神，乃在經之「義」，而非經之「文字」。他將史學包含了經學，用治史學的態度治經學，使經學在史學上得以發揮。故他所謂「春秋是史」、「春秋有微言大義」，乃是他「經之精神發揮於史」的具體表現。這是自珍公羊學在理論基礎上和劉逢祿及今文學家所最不同的。

簡言之：劉氏認為春秋是孔子所「作」之「經」，故含微言大義；與自珍認為孔子述而「不作」，春秋是「史」亦含微言大義，是其二人最大之差異。

二、今文經學與古文經學

自珍與劉、魏的另一異點，則是他治經的兼采今古文。劉逢祿在〈詩古微序〉裡，已經表露了有意建立「今文」一家之學。魏源作《詩古微》，更倡今文三家詩；又作《書古微》，主張罷黜東漢馬鄭古文、及僞孔疏、僞孔傳，而倡獨尊西漢今文尙書。是知劉魏治經皆有獨尊今文之意。

然，自珍之治經，卻於今古文無所偏廢，頗有兼采之勢。他曾自言：

> 予說詩，以涵泳經文爲主，於古文、毛、今文三家，無所尊，無所廢。（註五四）

自珍不僅治詩，今古文皆取。即治尙書，亦今古文皆信。他曾寫錄〈尙書古文序〉，所持之版本，即是僞孔書序，而所持之理由，卻是：

> 僞孔氏尚書，視馬、鄭本文字無大異也。枚賾及僞孔罪雖大，未嘗竄改文字，又非別有經師相承，能異文字者也。尚書如此，書序亦然。自珍今寫定書序，即用僞孔氏本。（註五五）

這段話包括了二層意義：一是自珍信僞孔書，一是自珍亦信東漢馬鄭古文書。這種主張和魏源罷黜鄭古文、僞孔傳疏，實判然兩途。而自珍之所以論說如此，乃因其對今、古文經，另有一套看法。他說：

> 今文、古文同出孔子之手，一爲伏生之徒讀之，一爲孔安國讀之。未讀之先，皆古文矣。既讀之後，皆今文矣。惟讀者人不同，故其說不同，源一流二，漸至源一流百。此如後世翻譯，一語言也，而兩譯之、三譯之，或至七譯之。譯主不同，則有一本至七本之異。未譯之先，皆彼方語矣，既譯之後，皆此方語矣。（註五六）

自珍將今古文的差異，比喻成翻譯的不同，無論今文、古文其源皆同出於孔子之手，只是因經師「讀之」的不同，遂有不同的文字。好比翻譯因人而異，而有六、七版本之異一般。這種觀點的正誤姑不論，總是在自珍的觀念裡，今、古文的對立性，是不存在的。因此他在舉出「生同世，又同志寫定群經」的師友時，亦是今、古文經學者並列。（註五七）甚至對東漢古文的未列學官，致使孔壁藏書湮滅，而三致喟歎，（註五八）這又和魏源主張「罷黜古文於學官」之事有異。（註五九）凡此種種，都顯示了自珍治學的兼采今、古文，而與劉魏獨尊今文不同。

三、董仲舒與何休

劉逢祿用「釋例」的方法治公羊，並獨尊何休一家，嘗言：「余遵奉何氏」，「自信於何氏繩墨少出入」。（註六〇）魏源在著《董子春秋發微》時，即批評劉氏專「為何氏拾遺補缺」，是「章句之學，泥文析例，不及董生之曲暢旁通。於是著發微七卷，闡明董子「內聖外王」之學，以發揮公羊微言大誼。（註六一）然今觀其書，雖發揮公羊大義，卻依舊是典籍工夫，未眞能於實事上見應用。

自珍之治公羊，不僅對何氏誅絕例、朝聘會盟例、侵伐戰圍入滅取邑例等，不加深論；（註六二）即尊董子春秋，亦不在典籍文字之間。而有取其「明是非」、「長於斷獄」之實事運用。嘗著《春秋決事比》六卷，引當世之律令，以與董子書相較，而思以春秋之律救正之。（註六三）至於援「三世」以觀世勢，「明是非」以論「君道」，（註六四）皆是將公羊大義，靈活運用於時政。此種「援經議政」的態度，不僅與劉、魏之治公羊有異，亦為自珍公羊學之最大特色。

第三節　自珍公羊學之特色

自珍有關春秋之著作，一爲《左氏決疣》：指出劉歆竄益左氏的部份；一爲《左氏春秋服杜補義》；（註六五）一爲《春秋決事比》六卷，唯後者乃是有關公羊大義之述作。惜此三書今皆不存，唯〈春秋決事比序目及答問〉一卷得見。（註六六）然答問一卷設事解析，不成體系，故於自珍對公羊研究之整體架構，無從窺見。僅由序目中得知自珍治春秋公羊之態度，及《春秋決事比》一書述作之意旨。今序中，自珍首言《春秋》一書之旨，曰：

龔自珍曰：在漢司馬氏曰：「春秋者，禮義之大宗也。」又曰：『春秋明是非，長於治人。』晉臣荀崧踵而論之曰：「公羊精慈，長于斷獄。」九流之目，有董仲舒一百二十三篇，其別公羊決獄十六篇，頗佚亡，其完具者，發揮公羊氏之言，入名家；何休數引漢律，入法家；而漢廷臣援春秋決賞罰者比比也，入禮家矣，又出入名法家。（註六七）

是春秋一則爲「禮義」之書，一則因「明是非，長于斷獄」，又係「刑法」之書。然禮以節人，刑以治亂，一禁於未然之前，一懲於已然之後，出入之間，雖有先後，然其所歸，皆趨義禮。故自珍又曰：

刑書者，乃所以爲禮義也；出乎禮，入乎刑，不可以中立。（註六八）

是則自珍認爲春秋乃禮義之大宗，唯藉治獄之賞罰以示顯耳。故特尊董子〈公羊決獄〉十六篇，又效董氏之例，張列後世之事以設問，而作《春秋決事比》六卷。自言：

獨喜効董氏例，張後世事以設問之。以爲後世之事，出春秋外萬萬，春秋不得而盡知之也；春秋所已具，則眞如是。後世決獄大師，有能神而明之，聞一知十也者，吾不得而盡知之也；就吾所能比，則眞如是。每一事竟，愾然曰：假令董仲舒書完具，合乎？否乎？爲之垂三年，數駁之，六七紬繹之，七十子大義，何邵公所謂非常異義可怪，惻惻乎權之肺肝而皆平也。（註六九）

後世之事雖出春秋萬萬，然春秋之律有經有權，自珍取後世事而爲之「比」，自言「權之肺肝而皆平」，是有「以春秋之律救正當世之律」之意者在，（註七〇）以明佈天下「是非之準」、「禮義之極」。惜此書今佚，全貌不得窺見，殊是遺憾。

次論自珍治春秋之態度。春秋之旨微而迂迴，且又多權變之言，自珍既治春秋重取微言大義，故特喜刺析「微」言，曰：

春秋之治獄也，趨作法也，罪主人也，南面聽百王也，萬世之刑書也。決萬世之事，豈爲一人一事？是故實不予而文予者有之矣，豈賞一人借勸後世曰：中律令者如是！實予而文不予者有之矣，豈誅一人借誡後世曰：不中律令者如是！嗚呼！民生地上，情僞相萬萬，世變徙相萬萬，世變名實徙相萬萬，春秋文成纔數萬，指纔數千，……又皆微文比較，出沒隱顯，互相損益之辭。……自珍既治春秋，䆕理鏬隙，凡書弒、書篡、書叛、書專命、書僭、書滅人國火攻詐戰、書伐人喪、短喪、喪娶、喪圖婚、書忘讎、書游觀傷財、書罕、書亟、書變始之類，文直義簡，不俟推求而明，不深論。乃獨好刺取其微者，稍稍迂迴贅詞說者，大迂迴者。（註七一）世之情僞、名實徙變以萬萬計，而春秋之旨纔數千，又皆在微文比較，出沒隱顯之間，故欲明示春秋之旨於今世，自須於其隱微處見。自珍之治春秋。於弑簒、攻伐諸例，文直義簡者不加深論，而特重取其權變、迂迴之際，即因春秋之例有正有變，聖人褒貶進退之旨，皆存於變例中耳。

春秋之作，孟子以爲「亂臣賊子懼」，（註七二）莊子以爲「春秋經世之志」。（註七三）自珍生值清勢衰陵之日，救亡圖存，睠睠夜思，治春秋又獨喜刺取「微」言，則其經世之志，顯然可見。自珍亦自言曰：

斯時通古今者起，以世運如是其殊科，王與霸如是其殊統；考之孤文隻義之僅存，而得之乎出沒隱顯之間；由是又欲竟其用，逕援其文以大救裨當世。（註七四）

世運之殊，王霸之異，春秋張三世、存三統、明是非、當興王諸義，足可爲當世殷鑑。自珍既重時政，又治公羊，「逕援其文以大救裨當世」，則其於公羊之治，頗有踰越條例而「逕自比者」。今言自珍公羊學之特色，除僅就〈序目及答問〉外，尙有〈五經大義終始論〉暨〈答問〉九篇，及其他散引公羊之篇章。茲論自珍之於公羊，是如何「逕援」其文，以「比」者。

一、五經大義論

前曾言及自珍對經學態度的由「文字」轉至「大義」，與其從習公羊關係至爲密切。自珍年廿八習公羊，年卅二著〈五經大義終始論〉，盡棄家學文字訓詁的工夫，而以「公羊大義」對五經作了一個新的詮釋。即是：他認爲五經皆含終始治道，而且這個「終始治道」和公羊「三世」——據亂、升平、太平——的歷史演進次第，是相配合的。惝是我們將自珍早期對經學的態度，與此論中對經學的態度相較，不難看出「公羊學」在自珍的「經世思想」上，是產生了怎樣的一個「積極」的意義。

自珍〈五經大義終始論〉，開宗明義即說：

> 昔者仲尼有言：「吾道一以貫之。」又曰：「文不在茲乎！」文學言游之徒，其語門人曰：「有始有卒者，其惟聖人乎！」誠知聖人之文，貴乎知始與卒之間也。聖人之道，本天人之際，臚幽明之序，始乎飲食，中乎制作，終乎聞性與天道。（註七五）

既然孔子之道「一以貫之」，言游之徒解「一」之道爲「有始有卒」，於是自珍首先肯定，聖人之道以知乎「始與卒之間」爲最可貴。他又解「始卒」之意爲：「始乎飲食、中乎制作、終乎聞性與天道」，而所謂「飲食」、「制作」、「性與天道」又皆屬治道的先後次第。由是得知：自珍認爲聖人之道之切要處，就在於「飲食」、「制作」的治道次第。於是他雜引群經，證明五經皆含聖人治道，也就是皆含飲食、制作、聞性與天道的「治道的終始次第」。

他在聖人之道「始乎飲食」下說：

謹求之書曰：「天聰明，自我民聰明。」言民之耳目，本乎天也。民之耳目，不能皆肖天。肖者，聰明之大者也，帝者之始也。聰明孰為大？能始飲食民者也。（註七六）

聰明之大者能肖天，故以「飲食」為治民之始，即聖人所謂：「民以為天」之意。是引書證明聖人之道「始乎飲食」之治。又引易、詩、禮曰：

其在序卦之文曰：「物穉不可不養也，屯蒙而受以需，飲食之道也。」其在雅詩，歌神靈之德，曰：「民之質矣，日用飲食。」……又求諸禮曰：「夫禮之初，始諸飲食。」（註七七）

是知書、易、詩、禮皆以「飲食」為治道之「始」。

在「中乎制作」之下，自珍嘗謂明君主國，當順民情而為之立制，使民之飲食、祭祀、城廓、宮室皆得所安，民之訟獄、國之兵刑皆得其當，以為百姓慮安，為民庶裁訟。是聖人治道之第二階段。（註七八）又舉《尚書》〈洪範〉證之，曰：

度名山川，升崇岡，察百泉，度明以為向，度幽以為蔽；摶土而為陶，鑿山而為礦，以立城郭、倉廩、宮室，高者名曰堂，下者名曰室，以衛鬼神，屏男女，……則司空之始也。此其與百姓慮安者也。……曰飲食之多寡，祭之數，少不後長，支不後宗，筋力者暴羸，於是乎折葦析木而撻之。則司寇之始也。而聲問乎東西，而聲問乎北南，飲食之多寡，祭之數，少後長歟？支後宗歟？筋力者毋暴羸歟？皆必赴司寇而理焉。……其在洪範，八政有司寇，後王有司馬。司馬，司寇之細也。(註七九)司空之官乃為民立城廓、量土地山川，使民得居處之安。司寇之官掌民事之訴訟斷獄，使盜懲善奬合其情理，乃為民慮不安者。此皆屬為民制作之事。自珍又謂，明君之制作不當止此，尚須察民中「耳目心思辨佞之雄長」者，立為賓師，以為輔佐，而司民教。是為「命士、命師、命儒」之事。(註八〇)又引《禮記》為證，曰：

> 謹求之禮，古者明天子之在位也，必徧知天下良士之數，既知其數，又知其名；既知其名，又知其所在。蓋士之任師儒者，令聞之樞也；令聞，饗帝之具也。其在記曰：「三代之王也，必先其令聞。」(註八一)

士與師儒之立，乃明君令聞之徵實，士與師儒之去國，則王名微而王道衰。(註八二)蓋良士乃國之金玉異物，故良士之群集是制作之盛、王道之昌。自珍又援《詩經》為證曰：

> 名士之有文章，望國氣者，見其爛然而光於天，求之雅詩曰：「倬彼雲漢，為章於天。」「周王壽考，遐不作人。」其推天人之際曰：「相彼鳥矣，猶求友聲，矧伊人矣，不求友生。神之聽之，終和且平。」是野有相慕，用之朋友，而可薦於神明也。(註八三)

是《詩經》之「相彼鳥矣，猶求友聲」，乃王治昌明，野有相慕之證。

民飲食之無虞，民土地居處之無虞，民訟事之公允，則天下德歸而良士群集。官制既備，國治承平，是乃制作之極成，而太平文致生矣。自珍又援書、詩、禮以證之曰：

謹又求之洪範，八政：七曰賓，八曰師，……必有山川之容，有其容矣，又有其潤；有其潤矣，又有其材。王者之與賓師處，聞牛馬之音，猶聽金玉也；親塵土之臭，猶茹椒蘭也。其在記曰：「君子曰德，德成而教尊，教尊而官正，官正而國治矣。」其在詩曰：「有馮有翼，有孝有德。」夫食貨具則有馮矣，官師備則有翼矣，祭祀受福則有孝矣，賓師親則有德矣，誠約彝倫之極，完神人之慶也。……觀其制作曰：成矣！……大瑞將致，則和樂可興。（註八四）

賓師既設，倫常得序，王者日與之處，親椒蘭而聞金玉，自是留心民政及百官之制。今食貨既具、官師制作又備，全如記中所言，德成、官正而國治。亦即詩經有馮有翼之謂。馮翼既具，和樂可興，是大瑞將至，而可完神人之慶也。即自珍所謂「終乎聞性與天道」者。

蓋自珍認爲聖人之聰明者，能肖天而爲民制作，故聖人之極致，是謂「能天」，他引易經證之曰：

謹求之易曰：聖人以此洗心，退藏於密，吉凶與民同患，神以知來，知以藏往，其孰能與於此哉？古之聰明睿知，神武而不殺者夫。極之矣！極之矣！夫如是，則謂之能天。（註八五）

故聖人雖吉凶與民同患，卻能藏往知來，亦即自珍所謂「聖人之道，本天人之際，臚幽明之序」，而爲天下制作之意。故其制作之極，必臻至太平而有驗於天，亦即所謂「聖人之道……終乎聞性與天道也」。自珍又雜引書、詩、春秋、禮以證之曰：

善言人者，必有譣乎天。洛誥之終篇，稱萬年焉。般、時邁之詩，臚群神焉。春秋獲麟，以報端門之命焉。禮運曰：「山出器車，河出馬圖，鳳凰在椒。」（註八六）

〈洛誥〉終篇「萬年厭于乃德」，乃皇天滿意其德之意；（註八七）時邁之終「敷天之下，裒時之對，時周之命」，亦指周之當令，乃受天命而王；（註八八）〈禮運〉「河出馬圖」；春秋端門受命；皆指王運之興，有受於天道之命。是則自珍謂：聖人治道之極，皆必有驗於天，亦即是「終乎聞性與天道」者也。

綜上所論得知，自珍不僅以「始乎飲食、中乎制作、終乎聞性與天道」，爲聖人治道之次第，且又雜引群經證之，而認爲五經皆含此終始治道。觀其文名〈五經大義終始論〉，則顯然可見。

然自珍之於五經，不僅取其「終始治道」，更引公羊「三世」以貫串此終始治道，言曰：

食貨者，據亂而作；祀也，司徒、司寇、司空也，治升平之事；賓師，乃文致太平之事。（註八九）

這就將政事的先後次第，與「三世」完全配合，而認爲據亂之世，政事以食貨爲要，升平之世，政事以制作爲要，太平之世，則賓師設而和樂可興，是以「三世」言「治道」者。自珍並未止於此，又以「三世」言群經，認爲五經皆含三世，首言書曰：

三世，非徒春秋法也。洪範八政配三世，八政又各有三世。（註九〇）

次言禮：

在禮運，始言土鼓蕢桴，中言宗廟祝嘏之事，卒言太一，祀三世不同名矣。

是指依三世而有相異之祭祀，據亂有土穀之祭，升平有祖廟之祭，太平有宮中祠以祭太一。（註九一）

又言詩之三世，曰：

若夫徵之詩，后稷春揄肇祀，據亂者也；公劉筵几而立宗，升平也；周頌有般有我將，般主封禪，我將言宗祀，太平也。（註九二）

「春揄肇祀」是詩據亂重食貨始祀之謂，「俾筵俾几」是詩升平制作之謂；而封禪宗祀乃是太平告天之謂，則詩亦有三世。

如此，自珍一方面言五經皆含三世，一方面言五經之終始治道亦含三世；於是在「三世」的配合下，使五經的終始治道，附上了一層積極的意義。即是說，隨著五經治道的食貨、制作，而聞性與天道，歷史的三世演進，由據亂、升平而太平，亦相與配合而漸趨承平。

二、三世說

清儒初治公羊，對「三世」著重其「書法義」的說明，也就是公羊傳所作：在不同時間下的歷史事件，用不同的文辭記載，以明聖人大義微言之所在。莊存與著〈春秋正辭〉，即嘗舉《春秋》「滕國卒」之事，析言：

滕，微國也。所聞之世始書卒，所見之世乃書葬，曷爲於所傳聞之世稱侯而書卒？以其子來朝，恩錄其父，王者所不辭也。（註九三）

滕乃小國，若依三世書法軌範，小國國君之亡，唯在所聞升平之世，方可書「卒」；今因其子來朝於周，是尊王之禮，故雖屬所傳聞據亂之世，亦褒美之而書「卒」。劉逢祿也說：

有見三世，有聞四世，有傳聞五世。於所見微其詞，於所聞痛其禍，於所傳聞殺其恩。由是辨內外之治，明王化之漸，施詳略之文。（註九四）

皆表明春秋之書法，依據三世而爲軌範，當其書法與三世軌範不合時，則有微旨存在。

然「三世」觀念，至自珍則不再限於書法之軌範，而完全被活用了。他不僅用「三世」說明政事的先後次第，及五經皆含三世；更自行推衍出一套三世大小論，並據此三世之說，以自發揮出一套譏世微言。自珍在〈五經大義終始答問〉中對「三世」觀念加以擴充，曰：

問：禮運之文，以上古爲據亂而作，以中古爲升平，若春秋之當興王，首尾才二百四十年，何以具三世？答：通古今可以爲三世，春秋首尾，亦爲三世。大橈作甲子，一日亦用之，一歲亦用之，一章一蔀亦用之。（註九五）

「三世」的初意，僅是將春秋十二公分爲三個階段；然此處自珍的運用，卻不僅於通古今爲三世、春秋爲三世，即是一歲一日亦可爲三世。這種三世大小論，對晚清公羊學家康有爲頗有影響；（註九六）即於自珍自身，亦在這「三世」觀的活潑運用下，發揮了一套譏世微言。他說：

吾聞深於春秋者，其論史也。書契以降，世有三等，三等之世，皆觀其才，才之差，治世爲一等，亂世爲一等，衰世別爲一等。（註九七）

這是依三世之治、亂、衰以論人才之差異。又有論一歲爲三時，一日爲三時者，曰：

歲有三時，一曰發時、二曰怒時、三曰威時。日有三時，一曰蚤時、二曰午時、三曰昏時。（註九八）更繼續分別曰：蚤時之世，宜君宜王，天下歸心而禮法昌明，全是承平氣象。迨至午時，雖亦宜君宜王，卻已須「修」德以繫人心。終至昏時，則日光慘而悲風驟至，京師鼠壤而王運將去。（註九九）似自珍這種「比」法，已遠遠超出了公羊條例之外，而完全是一家微言。

自珍既喜推衍三世而爲說，故尤取「三世」進化之史觀意，而特重「太平」，嘗謂：

> 問：太平大一統何謂也？答：宋、明山林偏僻士，多言夷夏之防，比附春秋，不知春秋者也。春秋至所見世，吳、楚進矣。伐我不言鄙，我無外矣。詩曰：「無此疆爾界，陳常于時夏。」聖無外，天亦無外者也。（註一〇〇）

春秋至所見世，夷狄進至遠近若一，著治太平，故自珍深斥宋、明山林之士言夷夏之防，是不知春秋。自珍既言經世，既治春秋，自於太平之世，再三致意。然，吾人若以此譏自珍生異姓之世，不辨夷夏，則誤矣。蓋夷狄進至，乃太平世事。自珍之世屬何？自有詩云：

> 此是春秋據亂作，昇平太平視松竹。何以功成文致之，攜簫飛上羽琌閣。（註一〇一）

是自珍以「據亂世」自居耳。據亂之世嚴夷夏之防，唯是自珍處異姓之下，不得直言，故往往委曲隱晦其意於文字蔽障之中，觀其文字之設喻，及春秋之「比」法，良可深味。

綜觀自珍之公羊學，不僅在理論的架構上，與劉、魏有異；更在微言大義的運用上，獨有其「別識心裁」。故吾以爲自珍治公羊，所重之大義，非是「文字」的意義（如莊、劉之治條例），而是「應用」的意義。所以他並不汲汲於爭春秋是經是史，亦不爭今、古文之孰眞孰僞，而是直捷擷取二、三大義之眞精神，以自發揮成一番微言。如同第一點所言，他以三世解五經終始大義，使得五經的治道次第，在「三世」的配合下，具有更積極的意義。至於「三世」觀的活用，更是自珍公羊學的最大特色。世有三等以論才，不僅是慨嘆人才的缺乏，更是譏刺清廷的不知拔擢人才；而歲有三時、日有三時，更是預言世之將亂，清之將亡。凡此種種都是自珍公羊學實際運用的例證。

且自珍對公羊之運用尚不止此，既言：春秋是禮義大宗，長於治人，精於斷獄；又說：春秋明是非。明是非之極至是「至公」，禮義之極至是「合理」，在要求「合理而公正」的思想下，自珍不得不對專制君主的獨尊，及滿漢的不等，提出抗議。於是就在這「刺取經義之微」處，發揮了一套盛世危言。（詳第五章）

梁啓超嘗言：「自珍……於春秋蓋有心得，能以恢詭淵眇之理想，證衍古誼，其於專制政體，疾之滋甚，集中屢歎恨焉」。（註一〇二）誠然。故今日言自珍公羊之特色，自應在其微言大義之實際運用處見。公羊思想對自珍的學術理論基礎而言，無疑是一方「積極」劑，而對自珍的譏評時事而言，更是一方「積極」劑：三世觀的活用，使議政有了經學的根據，而經學也在三世觀的配合下，有了活潑的意義。雖然自珍「逕援其文以比之」的「比」法，誠有些非常異議可怪之論，然而他對於公羊確是獨具心裁，尤其在異族壓制的衰世，更使他的公羊學含有極深厚的時代意義。我們從（他）「援經議政」和「自障蔽」的微言裡，不難體會出，他在常州學的發展上，所居地位的突出。也不難看出，他在嘉道初秋之勢中，所發悲鳴之深識遠見。

【註釋】

註一　見《碑傳集補》（文海出版社影印）卷三臧庸著〈禮部侍郎莊公小傳〉，及《清史列傳》卷二四。

註二　莊存與《味經齋遺書》（光緒八年刊本）卷首所載阮元〈莊方耕宗伯經說序〉。

註三　《全集》第二輯，〈資政大夫禮部侍郎武進莊公神道碑銘〉引莊存與言，頁一四二。

註四　同前文：「自（莊存與）語曰……昔者大禹謨廢，『人心道心』之旨、『殺不辜寧失不經』之誡亡矣；太甲廢，『儉德永圖』之訓墜矣；仲虺之誥廢，『謂人莫己若』之誡亡矣；說命廢，『股肱良臣啓沃』之誼喪矣；旅獒廢，『不寶異物賤用物』之誡亡矣；冏命廢，『左右前後皆正人』之美失矣。」

註五　見《味經齋遺書》〈春秋五〉，〈春秋正辭序〉。

註六　同上。

註七　同上。

註八　同上。

註九　同上。〈春秋正辭〉序目：奉天辭第一，天子辭第二，內辭第三，二伯辭第四，諸夏辭第五，外辭第六，禁暴辭第七，誅亂辭第八，傳疑辭第九。

註一〇　見《味經齋遺書》〈春秋五〉，朱珪撰〈春秋正辭序〉。

註一一　同註二。

註一二　《味經齋遺書》卷首載，董士錫〈易說序〉：「莊先生存與，……未嘗以經學自鳴，成書又不刊版行世，世是以無聞焉。」

註一三　見莊述祖〈夏小正經傳考釋序三〉。《清儒學案》卷七四。

註一四　《清史列傳》卷六九；及《續碑傳集》卷七二，李兆洛撰〈禮部劉君傳〉。

註一五　劉逢祿〈左氏春秋考證自序〉，《清儒學案》卷七五。

註一六　劉逢祿〈春秋論下〉，《清儒學案》卷七五。

註一七　參考劉逢祿著〈左氏春秋考證〉，《皇清經解》卷一二九五。

註一八　見《清儒學案》卷七五。

註一九　同上。

註二〇　劉逢祿〈春秋論下〉，《清儒學案》卷七五。

註二一　劉逢祿〈公羊春秋何氏解詁箋自序〉，《清儒學案》卷七五。

註二二　劉逢祿〈論語述何敘〉，《皇清經解》卷一二九八。

註二三　逢祿以春秋大義遍解群經。如以春秋解論語：論語子曰：「躬自厚而薄責於人，則遠怨矣。」逢祿解成：「春秋詳內小惡，略外小惡之義。」類此者，比比皆是。可參看所著《論語述何》，《皇清經解》卷一一九八。如以春秋解詩：「詩之言三正者多矣，而尤莫著于三頌。夫子既降王爲風，而次之邶鄘之後，言商周之既亡，終之以三頌。非新周、故宋以魯頌當夏而爲新王之明徵乎。夫既以魯頌當新王而次之周後，復以商頌次魯而明繼夏者殷，非所謂三王之道若循環者乎。故曰，不明春秋不可與言五經。春秋者，五經之筦鑰也」，見《皇清經解》卷一二八〇《劉禮部公羊何氏釋例》。

又如以春秋解易、書：「易，一陰一陽，乾變坤化，歸於乾元用九，而天下治。要其終於未濟，志商亡也。詩書　正，一變極於周亡。而一終秦誓，一終商頌。秦誓傷周之不可復也。商頌示周之可興也」，見《皇清經解》卷一二八〇《劉禮部公羊何氏釋例》。

註二四　見《清儒學案》卷七五。

註二五　同上。

註二六　本段參考錢賓四先生所著《中國近三百年學術史》，第十一章第二節「劉宋」。

註二七　參考魏源《古微堂內外集》外集卷一，〈兩漢經師今古文家法考敘〉。

註二八　同上，〈書古微序〉。

註二九　同上。

註三〇　同上。

註三一　同上，〈書古微例言上〉。

註三二　同上，〈詩古微序初稿〉。

註三三　劉逢祿〈詩古微序〉，《清儒學案》卷七五。

註三四　魏源《古微堂內外集》外集卷一，〈兩漢經師今古文家法考敘〉。

註三五　劉逢祿〈詩古微序〉，《清儒學案》卷七五。

註三六　劉逢祿言左氏春秋不傳春秋，並未言左氏春秋是劉歆僞造，魏源謂毛詩晚出，並未言毛詩乃僞書，唯言東漢馬鄭古文尙書是僞。

註三七　見《清史列傳》卷六九；及《續碑傳集》卷七二，李兆洛撰〈禮部劉君傳〉。

註三八　錢賓四先生著《中國近三百年學術史》，第十一章「魏默深」，言：「魏氏詩書古微之作，仍不脫家法觀念之作祟，仍落考據窠臼，非能眞於微言大義經術政事處見精神也」，頁五二九。

註三九　劉逢祿《論語述何》，「人不知而不慍，不亦君子乎」條下云：「夫子述詩書禮樂，文詞有可與人共者，不獨有也。至於作春秋，筆則筆削則削，游夏之徒不能贊一辭」，《皇清經解》卷一二九七。

註四〇　參看本章第一節。

註四一　劉逢祿《左氏春秋考證》，「魯君子左丘明懼弟子人人異端各安其意失其眞故因孔子史記具論其語成左氏春秋」條下云：「證曰……曰魯君子則非弟子也。曰左氏春秋與鐸氏虞氏呂氏並列，則非傳春秋也。故曰左氏春秋舊名也，春秋左氏傳，則劉歆所改也。」

註四二　《全集》第一輯，〈六經正名〉，頁三六至三七。

註四三　同前文，頁三八。

註四四　《全集》第一輯，〈六經正名答問五〉，頁四〇。

註四五　同上，〈六經正名〉，頁三七。

註四六　同書第十輯，「己亥雜詩」五七首：「姬周史統太銷沈，況復炎劉古學瘖，崛起有人扶左氏，千秋功罪總劉歆」，頁五一四。

註四七　同上，五九首：「端門受命有雲礽，一脈微言我敬承，宿草敢祧劉禮部，東南絕學在毘陵」，頁五一四。

註四八　同書第一輯，〈春秋決事比答問第一〉，頁五六。

註四九　同上，〈春秋決事比答問第五〉，頁六四。

註五〇　同書第三輯，〈春秋決事比自序〉，頁二三四。

註五一　參考皮錫瑞著《經學通論》四〈春秋〉。

註五二　皮錫瑞即批評自珍曰：「龔自珍曰：『仲尼未生，先有六經，仲尼既生，自明不作，仲尼曷嘗率弟子使筆其言，以自制一經哉？』如龔氏言，不知何以解夫子之作春秋？」同前書，〈經學開闢時代〉一章。

註五三　詳第二章。

註五四　《全集》第十輯，「己亥雜詩」六三首自注，頁五一五。

註五五　同書第三輯，〈最錄尙書古文序寫定本〉，頁二四四。

註五六　同書第一輯，〈大誓答問第二十四〉「總論漢代今文古文名實」，頁七五。

註五七　自珍所舉：「王引之、顧廣圻、李銳、江藩、陳奐、劉逢祿、莊綬甲」，見同書第一輯，〈古史鉤沈論三〉，頁二六。

註五八　《全集》第八輯，「語錄」：「兩漢一代經師皆今文家，其兼通孔壁者寥寥，而古文竟不列學官，利祿之門，不在經文多俗字，太常豈得無咎？劉歆、賈逵欷歔致慨，良有以也。」頁四二七。

註五九　魏源《古微堂內外集》外集卷一〈書古微例言上〉。

註六〇　具見劉逢祿〈公羊春秋何氏解詁箋自序〉，《清儒學案》卷七五。

註六一　參見魏源《古微堂內外集》外集卷一，〈董子春秋發微序〉。

註六二　《全集》第三輯，〈春秋決事比自序〉，頁二三三至二三四。

註六三　參見〈春秋決事自序〉及〈春秋決事比答問〉。

註六四　自珍「春秋決事比目錄」有「君道篇」。其餘有關發揮春秋大義微言於政論者，參見本章第三節。

註六五　《全集》第十輯，「己亥雜詩」五七首下注：「癸巳歲，成《左氏春秋服杜補義》一卷。其劉歆竄益左氏顯然有迹者，爲《左氏決疣》一卷」，頁五一四。

註六六　《春秋決事比》一書之目錄：君道篇第一，引經傳十三事。君守篇第二，引經傳十事。君守篇第三，引經傳十事。不應重律篇第四，引經傳十四事。不應輕律篇第五，引經傳十四事。不定律篇第六，引經傳十一事，附答問十事。不屑教律篇第七，引經傳四事，附答問三事。律目篇第八，引經傳十一事，附答問十事。律細目篇第九，引經傳十四事，附答問九事。人倫之變篇第十，引經傳十九事，附答問八事。自序篇第十一。按：今僅存自序及答問一卷。

註六七　《全集》第三輯，〈春秋決事比自序〉，頁二三三。
註六八　同上。
註六九　同前文，頁二三四。
註七〇　《全集》第一輯，〈春秋決事比答問第四〉言：「今律與春秋小齟齬，則思救正之矣，又吾所以作」，頁六一。
註七一　同書第三輯，〈春秋決事比自序〉，頁二三三至二三四。
註七二　《孟子．滕文公下》。
註七三　《莊子．齊物論》。
註七四　《全集》第三輯，〈春秋決事比自序〉，頁二三三。
註七五　同書第一輯，〈五經大義終始論〉，頁四一。
註七六　同上。
註七七　同上。
註七八　見〈五經大義終始論〉，頁四二至四三。
註七九　同上。
註八〇　同前文，言：「聖者曰：吾視聽天地，過高山大川，朝天下之衆，察其耳目心思辦佞之雄長，而戶徵其辭，使我不得獨爲神聖，必自此語言始矣。爰是命士也、命師也、命儒也」，頁四三。

註八一　同前文，頁四三。

註八二　同前文：「其在記曰：『三代之王也，必先其令聞。』夫名士去國而王名微，王名微而王道薄。……其在記曰：『土敝則草木不長，水煩則魚鼈不大。』良士，國之金玉異物也，草木厭之，而況金玉乎？」頁四三。

註八三　同前文，頁四四。

註八四　同上。

註八五　同前文，頁四六。

註八六　《全集》第一輯，〈五經大義終始答問六〉，頁四八。

註八七　屈萬里著《尚書釋義》，〈洛誥〉「萬年厭于乃德」下注：「神滿意於其德」，又云：「毛公鼎：皇天弘厭厥德。與此義近」，頁一〇一。

註八八　屈萬里著《詩經釋義》〈周頌〉「敷天之下，裒時之對，時周之命」下注：「言此乃當令之周所以受天命而王也」，頁二七九。

註八九　《全集》第一輯，〈五經大義終始答問一〉，頁四六。

註九〇　同上。

註九一　同上，〈五經大義終始論〉，頁四一至四六；〈五經大義終始答問二〉，頁四六。

註九二　同上，〈五經大義終始答問第二〉，頁四六。

註　九三　莊存與《味經齋遺書》〈春秋正辭〉。

註　九四　劉逢祿《公羊何氏釋例》「張三世例」第一，《皇清經解》卷一二八〇。

註　九五　《全集》第一輯，〈五經大義終始答問八〉，頁四八。

註　九六　康有爲〈刊布春秋筆削大義微言考題詞〉：「春秋廣張三世之義，深密博大，而據亂之中有升平太平：升平之中有據亂太平；而太平之中有升平據亂。蓋一世之中又有三世，三重而爲八十一世，皆有義可推」，《不忍雜誌》初集卷三。

註　九七　《全集》第一輯，〈乙丙之際箸議第九〉，頁六。

註　九八　同上，〈尊隱〉，頁八七。

註　九九　見前文。有關自珍引春秋公羊微言以譏世者，詳第五章，故此處不深論。

註一〇〇　《全集》第一輯，〈五經大義終始答問七〉，頁四八。

註一〇一　同上書第十輯，「己亥雜詩」二〇一首，頁五二八。按：自珍嘗築羽琌山館，遍植松竹，思太平承治之世，偕妾靈簫（一名阿箾）歸隱。此所言「此是春秋據亂作」乃指羽琌閣，然亦得知自珍以「據亂世」自處。

註一〇二　梁啓超《中國學術思想變遷之大勢》，頁九六。

第五章　自珍的經世思想

自珍治經、史，求文質兼備。言聖人之道必須循「問學」之階，以達於「性道治天下」，方可得其眞精神；自珍尊史之「心」，其意即此。加以熟習《公羊》，言五經大義終始之治道，使其經世思想更爲明確積極。自珍經世思想最具體的表現，在他對時政的批評和對經濟的主張上，因此要認識自珍精神之所在，和使他眞正成爲一顆時代彗星的原因，就必須深切瞭解他的時代，和他對那個時代所發怒吼的具體指象。

乾隆朝暗藏的危機，到了嘉道一一畢現：和珅的抄家被誅，暴露了清廷「重臣」的貪歛蒙昧；湖北、四川、陝西的白蓮教起義，新疆回民的變亂，也顯示出這個王朝的諸多弊端在「民間」所引起的憤懣。而西北帝俄的覬覦，東南海防的危機，兵制腐敗，國防日疏，更使得滿清這個外強中乾的老人，岌岌不可終日。自珍生在這樣一個「將萎之華，慘於枯木」的時代裡，探尋弊端，盱衡世局，遂鑑於「未雨之飄搖」而大聲怒吼矣！而他所習的公羊微言，也就在這怒吼的筆尖下，被靈活而巧妙地運用出來。

他首先譏評官吏的阿諛媚習及貪斂因循，再由資格用人所造成的限才現象，喟歎人才之不出遂至耻節之不立，最後方才巧妙地射中這諸多弊端的核心——日趨嚴密的專制君權。這種筆鋒實在是「障蔽」卻又「鋒銳」。他一步步地追溯，指出官吏貪斂是因爲朝廷之俸祿菲薄；官吏阿諛，是因爲君主之貪喜媚誦；士大夫之無恥，是因爲廟廊跪叩禮儀之「柔夫」；而律令之縛束，資格之限才，更使風氣敗落而人才不出。究其因，皆爲專制君權獨尊下之斲殘戮傷耳。如此「一夫爲剛，萬夫爲柔」的統治現象，一旦封疆有急，遑論求伏棟俱壓之士，縱求一有恥節者，亦不可得矣。

自珍在憂慼之初，欲思治平，尙以「變法」爲倡，汲汲爲一姓勸豫，致意殷切，筆端嘗言：「奮之！奮之！易曰：『窮則變，變則通，通則久』，非爲黃帝以來六、七姓括言之也，爲一姓勸豫也。」其期望之深可見。然而清廷鼾聲睡意正濃，粉飾太平，如自縛四肢於木，冥心息慮卻自以爲是「奉公守法」，全然視滿身疥癬於不顧。自珍深感憤懣，遂一改前言而提出警語，謂：法之不易，「恐異日破壞條例，將有甚焉者矣！」

及至自珍久居京師，見「胸弗謂是」者比比皆是。滿、漢不等，壯志難酬，加以仕途蹭蹬，卻反因出言眞切而多遭誹謗。烱然四顧，憔悴悲憂，深感「未雨之鳥，戚於飄搖，痺痨之疾，殆於癰疽；將萎之華，枯於槁木，初秋之勢，慘於寒霜」，「求治」不得，轉而悖悍「求亂」矣！其〈農宗篇〉言：「有德此有人，有人此有土」，又言「土」乃「興王」之所資，則「有德者方能有人有土而爲王」之意甚明。蓋清之「德」萎，亡秦者楚。棄德之主，若積弊不革，終至有「山中之民」恃壁壘之堅，取京師鼠壤之地，而以「大音聲」起，天地神人爲之助力，則清之王運去矣！自珍之意，其始尚汲汲爲一姓勸豫，其終亦不免悖然求亂，而有所企待於「山中之民」矣。其思想之由「變法」轉趨「革命」，自有脈絡可尋。

自珍生嘉道之際，舉國方醉夢承平，而其已惶然若不可終日，察微之深、見瞻之宏，當世莫之堪匹。又値文網密察之時，能於《公羊》微言之下，眇辭幽隱而出之，其才情之高，亦世所難倫。尤以其對君權、律例之譏刺，及變法、革命之思想，不僅深中專制病源，亦爲晚清思想解放之啓蒙。

第一節　對時政的譏評

自珍年十一即隨父入都，居京師十載。英才早發，對當時朝廷施政之束於法例，多所不滿；對君權之過尊，及君待臣之苛酷，更大起反感。迨二十一至二十五歲之間往來蘇杭，又見近畿吏胥之貪歛暴虐、附顏無恥，遂至胸有激憤，不得不言。此其間所作〈明良論〉四篇（年二十至廿三）、及〈乙丙之際箸議〉諸篇（年廿四至廿五），已有極深刻之披露。

自珍首先對當時吏胥之因襲、貪歛、狎侫，有大膽的斥評。曰：

古之書獄也以獄，今之書獄也不以獄。……佐雜書小獄者，必交於州縣，佐雜畏此人矣；州縣之書獄者，必交於府，州縣畏此人矣；府之書獄者，必交於司道，府畏此人矣；司道之書獄者，必交於督撫，司道畏此人矣；督撫之上客，必納交於部之吏，督撫畏此人矣。……狎富久，亦自富也，狎貴久，亦自貴也，農夫織女之出，于是乎共之，宮室、車馬、衣服、僕妾備。……析四民而五，附九流而十，挾百執事而顛倒下上，哀哉！誰爲之而壹至此極哉！（註一）

決獄之事，以是非禮義爲準，理應超然獨立。然今吏胥之治獄卻不以法律爲本，但因循苟且畏於權勢、趨顏狎佞，顛倒是非，其下焉者，更剝削百姓以自囊括富貴。自珍深爲激憤，鄙斥之爲四民之五、九流之十。這顯然已探討到專制政治最深刻的部份——官僚群的貪斂無恥。自珍又憤而描繪居朝廷之所謂「老成」典型，說：

竊窺今政要之官，知車馬、服飾、言詞捷給而已，外此非所知也。清暇之官，知作書法、賡詩而已，外此非所問也。堂陛之言，探喜怒以爲之節，蒙色笑，獲燕閒之賞，則揚揚然以喜，出誇其門生、妻子。小不霽，則頭搶地而出，別求夫可以受眷之法。……問以大臣應如是乎？則其可恥之言曰：我輩祇能如是而已。至其居心又可得而言。務車馬、捷給者，不甚讀書，曰：我早晚直公所，已賢矣，已勞矣。作書、賦詩者，稍讀書，莫知大義，以爲苟安其位一日，則一日榮；疾病歸田里，又以科名長其子孫，志願畢矣。且願其子孫世世以退縮爲老成，國事我家何知焉？（註二）

政要之官，乃一國存亡之所繫，關係重大。然當時政要之官，居廟堂之日，只知便詞諂媚，以求自身榮華；對政事措施之得失利弊，民生經濟之疾苦，均所不顧。迨疾病歸田里，又專以科名教其子孫，囑其以「老成」自守，切勿嘵嘵爲急變之言，以免禍身。如此朝臣，如此胸懷，則綱紀陵夷、政績敗壞，絕非一日之積。自珍深爲喟歎，言曰：「大官不談掌故，小臣不立風節」，「部中多一趨蹌奔走乞面見長之人，則少一端坐商榷朴實任事之人。」（註三）如此「內外大小之臣，具思全軀保室家，不復有所作爲」，（註四）萬一朝廷有緩急之舉、憂慼之至，「則紛紛鳩燕逝而已，伏棟下求俱壓焉者尟矣。」（註五）自珍惶惶憂慼，探弊端之源，遂發現「老成」典型之形成，及便佞媚風之熾張，實由於清廷之「資格用人」，故又對此提出抨擊。

自珍首先對清廷之「資格用人」作一略說。蓋清之仕者始宦之年，或二十、四十不等，自始宦至入膺官之至極，約須時三十有年，無論賢愚、智不肖者，皆須循序漸進，鮮有越階晉陞之事。（註六）因此，仕宦者往往自其始進之年，即知安靜守格以積俸俟時，便辭媚上，以冀一朝之陞遷；而斷不願嘵嘵時務，伏棟諫諍，自送前程。自珍嘗譏諷之曰：

其資淺者曰：「我積俸以俟時，安靜以守格，雖有遲疾，苟過中壽，亦冀終得尚書、侍郎，奈何資格未至，嘵嘵然以自喪其官爲？」其資深者曰：「我既積俸以俟之，安靜以守之，久久而危致乎是，奈何忘其積累之苦，而嘵嘵然以自負其歲月爲？」（註七）

迨到中壽以後，官至尙書、侍郎，功名得償。愚者且勿論，縱是賢智之人，亦已髮白神憊，全然「老成」之態，即使是當年憤憤然有志於濟世，至此亦戀棧保身，全求一己之福祿耳。自珍喟歎曰：

夫自三十進身，以至於爲宰輔，爲一品大臣，其齒髮固已老矣，精神固已憊矣。雖有耆壽之德，老

> 成之典型，亦足以示新進；然而因閱歷而審顧，因審顧而退葸，因退葸而尸玩，仕久而戀其籍，年高而顧其子孫，傫然終日，不肯自請去。或有故而去矣，而英奇未盡之士，亦卒不得起而相代。此辦事者所以日不足之根原也。城東諺曰：「新官忙碌石駭子，舊官快活石師子。」蓋言夫資格未深之人，雖勤苦甚至，豈能冀甄拔？（註八）

在此「資格用人」制度之下，年少俊彥之士，有才不得施展，而居廟堂高位者，又多「老成」退葸之士。如此，才俊者不登其位，而登其位者又非其才。資格限人，惡性循環之結果，終至欲求一建大猷、白大事之人，而不可得。自珍悽惶憂憤，遂結語謂資格用人，非但不能拔擢眞才，抑且戮傷士大夫之生氣。曰：

> 如是而欲勇往者知勸，玩戀者知懲，中材絕僥倖之心，智勇甦束縛之怨，豈不難矣！至於建大猷，白大事，則宜乎更絕無人也。……其始也，猶稍稍感慨激昂，思自表見；一限以資格，此士大夫所以盡奄然而無有生氣者也。（註九）

「資格用人」，是自珍在制度上，抨擊了清廷的不知拔擢人才，然自珍揭露之更進者，則是君權獨尊下的人才戮傷。

自珍嘗謂：「一代之治，必有一代之人材任之」。（註一〇）然環顧當世，爲士大夫者不察民隱、不立風教，居上都通顯之位，未嘗道政事、陳設施、談利弊，而徒思窺喜怒以爲節。（註一一）究其原委，實因士之「無恥」。曰：

士皆知有恥，則國家永無恥矣；士不知恥，爲國之大恥。歷覽近代之士，自其敷奏之日，始進之年，而恥已存者寡矣！官益久則氣愈媮，望愈崇則諂愈固，地益近則媚亦益工。至身爲三公，爲六卿，非不崇高也，而其於古者大臣巍然岸然師傅自處之風，匪但目未覩，耳未聞，夢寐亦未之及。臣節之盛，掃地盡矣。（註一二）

士之無恥是爲國恥，卿大夫之無恥，是爲社稷恥。農工之人之無恥，其辱僅及一身，富者之無恥，其辱僅及一家，而士之無恥，將因其貴爲小官、爲大官，而延一身之辱以至辱社稷天下。故自珍謂之「士無恥則名之曰辱國，卿大夫無恥名之曰辱社稷。」（註一三）如此上下滋延，無恥遍於天下，則國何以立？社稷何以治？士大夫之「無恥」由何而來？自珍曰：

當彼其世也，而才士與才民出，則百不才督之、縛之、以至於戮之。戮之非刀、非鋸、非水火；文亦戮之，名亦戮之，聲音笑貌亦戮之。……徒戮其心，戮其能憂心、能憤心、能思慮心、能作爲心、能有廉恥心、能無渣滓心。又非一日而戮之，乃以漸，或三歲而戮之、十年而戮之、百年而戮之。（註一四）

士之無恥，實由於長時期的遭受斲戮。然則「何人」能於此無形漸力之下，長期縛戮之？自珍尋源探本，遂追究至專制君權之最深切處——君權的過尊，於是接續前言曰：

臣節之盛，掃地盡矣。非由他，由於無以作朝廷之氣故也。何以作之氣？曰：以教之恥爲先。（註一五）

至此得知士之無恥，乃原於「朝廷」之無以作之氣，無以教之恥。然「朝廷」何指？自珍又言：

禮中庸篇曰：「敬大臣則不眩」，……賈誼諫漢文帝曰：「主上之遇大臣如遇犬馬，彼將犬馬自爲也。如遇官徒，彼將官徒自爲也。」……皆聖哲之危言，古今之至誠也。……坐而論道，謂之三公，唐宋盛時，大臣講官，不輟賜坐、賜茶之舉，從容乎便殿之下，因得講論古道，儒碩興起。及其季也，朝見長跪、夕見長跪之餘，無此事矣。不知此制何爲而輟，而殿陛之儀，漸相懸以相絕也。（註一六）

既舉中庸「敬大臣」，又舉賈誼諫文帝，則「朝廷」之指「清帝」甚明。我國古代敬大臣，問政必有賜坐、賜茶之禮遇，故群臣亦相以廉恥互勉，迨後之朝儀乃有三跪九叩之式。賈誼所言，君遇臣以犬馬，則臣以犬馬自爲。清既以跪叩之儀要求臣子，則臣子自以干佞媚其君。如此，君不以禮待臣，則臣又焉能以「恥」自持？「非禮無以勸節，非禮非節無以全恥。」（註一七）追溯本因，全係君權之過尊，遂致士大夫不以恥節自守。自珍對這種君權之獨尊甚爲憤懣，中年以後作〈古史鉤沈論〉，又再三斥評：

霸天下之氏，稱祖之廟，其力彊，其志武，其聰明上，其財多，未嘗不仇天下之士，去人之廉，以快號令，去人之恥，以崇高其身。一人爲剛，萬夫爲柔。……榮之亢，辱之始也。辨之亢，誹之始也。……溫而文，王者之言也。惕而讓，王者之行也。言文而行讓，王者之所以養人氣也。……積百年之力，以震盪摧鋤天下之廉恥，既殄、既獮、既夷，顧乃席虎視之餘蔭，一旦責有氣

> 於臣，不亦暮乎！（註一八）

君以跪叩之禮崇高一身，又仇天下之士，去其廉恥以快號令，其目的只在「一夫爲剛，萬夫爲柔」。長期摧鋤震盪，一朝世變，封疆有急，則士紛紛鳩燕飛逝。至其時，遑論求伏棟俱壓之臣，縱欲得一有氣節之士亦絕矣。

以上是自珍就「君權過尊」下，士無恥節而人才不出所發之議論。然士無恥節、人才不出，亦有因君待臣子之刻薄而生者。自珍首舉「制俸之薄」以論之：

> 三代以上，大臣、百有司無求富之事，無恥言富之事。貧賤，天所以限農畝小人；富貴者，天所以待王公大人君子。王公大人之富也，未嘗溫飽之私感恩於人主。人主以大臣不富爲最可嘉可法之事，尤晚季然也。〈洪範〉五福，二曰富；《周禮》八枋，一曰富。臣之於君也，急公愛上出自天性，不忍論施報。人主之遇其臣也，厚以禮、繩以道，亦豈以區區之祿爲報。……孟子曰：「無恆產而有恆心，惟士爲能。」雖然，此士大夫所以自律則然，非君上所以律士大夫之言也。（註一九）

三代以上君臣百官無求富之事，然卻不以言富爲恥。魯論所稱季氏富於周公，是周公亦未嘗不富。（註二〇）蓋「富」乃是天所以待王公大臣者，未若貧賤乃農佃小人之自限。故孟子所說：「無恆產而有恆心，惟士爲能」一語，乃指士大夫之志節不因貧窮而易，卻非如後世所指王公大臣以不富爲可嘉可法。自珍立論如此，然環顧當世，見士大夫鮮有溫飽者，縱使是尙書、侍郎亦少有千金之產。衣食足方可與言禮義，今制俸之薄，生活堪虞，求其知恥效國，不亦難乎！自珍有言：

今上都通顯之聚，未嘗道政事談文藝也；外吏之宴游，未嘗各陳設施談利弊也，其言曰：地之腴瘠若何？家具之贏不足若何？車馬敝而責券至，朋然以爲憂。居平以貧故失卿大夫體，甚者流爲市井之行。崇文門以西、彰義門以東，一日不再食者甚眾，安知其無一命再命之家也？……今久資尚書、侍郎，或無千金之產，則下可知也。（註二一）

人情之本皆願娛孝其親，贍其室家。而今日俸祿之薄，致使「廩告無粟，廄告無芻，索屋租者且至相逐，家人嗷嗷然呼」，內外大小臣子皆爲逃債避券之人，則欲使其效智力於國之法度、民之疾苦，豈非甚笑。故自珍認爲，臣之思全軀保家而不復有所作爲，皆係「貧累之也」。然回顧清天子之富，廣擁四海，爲其股肱之臣者，卻無千金，甚至再命之家，可能亦有一日僅一食之事。君之待臣，何其苛酷？（註二二）

又舉清廷「統御」士大夫以便其控制之術。曰：

老子曰：「法令也者，將以愚民，非以明民」……齊民且然。士也者，又四民之聰明喜論議者也。身心閒暇，飽煖無爲，則留心古今而好論議。留心古今而好論議，則於祖宗之立法，人主之舉動措置，一代之所以爲號令者，俱大不便。凡帝王所居曰京師，……是故募召女子千餘戶入樂籍。樂籍既棋布於京師，其中必有資質端麗，桀黠辨慧者出焉。目挑心招，捭闔以爲術焉，則可以箝塞天下之游士。烏在其可以箝塞也？曰：使之耗其資財，則謀一身且不暇，無謀人國之心矣；使之耗其日力，則無暇日以談二帝三王之書，又不讀史而不知古今矣；使之纏緜歌泣於牀第之間，耗其壯年之雄材偉略，則思亂之志息，而議論圖度，上指天下畫地之態益息矣；使之春晨秋夜爲奩體詞賦、游戲不急之言，以耗其才華，則論議軍國、臧否政事之文章可以毋作矣。如此則民聽壹，國事便。（註二三）

自珍認爲京師樂籍之設，乃國君爲一統人民，並箝塞士之聰明才智者，使其耗精力於歌賦、床笫之間，無暇指天畫地議論國事、制肘法度，全係「愚民」之法。如此朝廷，如此政策，非但不知拔擢人才，反戮斲士之志氣至此，則士大夫出而仕者，焉敢論議政事？又如何能求廉恥之士、濟世之才？

綜上所論，自珍認爲：臣之有跪叩阿諛之風，乃係君權之過尊；臣之有貪歛因循苟且之風，乃因朝廷俸祿之菲薄；而士之無恥、人才不出，又因朝廷資格用人之限及積百年之力之震盪摧鋤。於是自珍怒言痛斥：

居廊廟而不講揖讓，不如臥穹廬；衣文繡而不聞德音，不如服橐鞬；居民上，正顏色，而患不尊嚴，不如閉宮庭；有清廬閒館而不進元儒，不如闢牧藪；榮人之生而不錄人之死，不如合客兵；勞人祖父而不問其子孫，不如募客作。（註二四）

居廊廟卻不講揖讓、不進元儒，衣文繡卻不聞德音、不恤功臣。殊不知士之群集，乃朝廷令聞之遠播。今再命之家有一日不再食者，政要之官以阿諛跪叩保身，豪傑之士遠入山澤。士皆無恥、人才不出，此皆「居廊廟」者之責也。

自珍這些譏評，在當時誠是大膽之極，被目爲「狂言」。然自珍實深抱掩世之才，具先睹之識，生清季初衰之世，卻已預睹寒風之驟至，而大發怒吼。惟清室逸樂方酣，上君下臣一昧相蒙，色笑終日。對自珍之危言，非但不受納，反致讒謗。（註二五）自珍憔悴悲憂，居官鬱鬱，然而對時政之議評，卻毫不懈怠。自珍自言是：「所見多胸弗謂是，不得不言耳。」（註二六）如其曾對科舉制度大加評斥：

> 今世科場之文，萬喙相因，詞可獵而取，貌可擬而肖，坊間刻本，如山如海。四書文祿士，五百年矣；士祿於四書文，數萬輩矣。既窮既極，閣下何不及今天子大有爲之初，上書乞改功令，以收眞才。（註二七）

科舉之題不出四書，人才之由此出者已五百年，詞可相獵，貌可擬肖，模擬排比，所收往往非屬眞才。且童子自髫卯即習功令，錮智慧於此進身之階，而對兵刑、錢穀之事未之聞，一旦入官職，往往「未嘗學禮樂之身，使之典禮樂」、「未嘗學兵之人，使之典兵」。「古者學而入政，後世皆學於政」，如此耗才士之精神體力於無用之學，政何以治，誠堪憂慮；科舉當改，亦積弊太久矣。（註二八）

自珍又嘗對滿漢之不平等，「隱」言議評。他在〈杭大宗逸事狀〉中言：大宗上書言，清一統已久，用人宜泯滿、漢之見。遭部議擬死，後得乾隆赦免歸里。然後歲乾隆南游，卻有「杭世駿尚未死麼」之問，使大宗自縊。（註二九）具見清懷柔手法之陰險及待滿、漢之不得平等。又在〈書果勇侯入覲〉中言，漢人任宿衛之臣者，輒除大門上侍衛，有材勇，亦不過擢乾清門，已是「崇之極矣」。

（註三〇）此可見滿、漢仕宦之不平等。然最爲明言者，則在〈古史鉤沈論四〉「賓賓」一文中論及清之兵謀、燕私、宿衛、家法不欲異姓參聞。故自珍「賓賓」文旨之深邃，實不僅止於「譏議」二字耳。（註三一）

自珍之時，文字獄雖已少興，然文網仍密，加以其「哀樂過人」，於社會時政之黑暗，感受甚爲敏銳。又以用世心切，仕途蹭蹬，故發爲議論，語多憤恨。然自珍乃一才情至高之人，故其憤恨之語，往往括隱而爲「涼燠」之語，（註三二）而用「障蔽」之法出之。他有三篇「捕」文，甚妙。

今者有蜮，蜮一名射工，是性善忌，人衣裳略有文采者輒忌，不忌縗絰。能含沙射人影，人不能見。……捕之如何？法用蔽影草七莖，自障蔽，則蜮不見人影。又用方諸，取月中水洗眼，著純墨衣，則人反見蜮，可趨入蜮群；趨入蜮群，則蜮眩瞀。乃祝曰：射工！射工！汝反吾名，以害吾躬，吾名甚正，汝不得反攻。……如是四徧，蜮死，烹其肝。大吉。述捕蜮第一。

今者有熊羆、鴟鴞、豺狼，是性善愎，必噬有恩者及仁柔者。捕之如何？法用敗絮牛皮，僞爲人形，手執飼具，以示人恩，中實以熾鐵，咆哮來吞。絮韋吞已，熾鐵火起，爊灼其心肝。祝曰：豺狼！豺狼！豺狼！予恩汝不祥，亦勿戰汝以剛，色柔內剛，誅汝肝腸，汝卒咆哮以亡。……述捕熊羆鴟鴞豺狼第二。

今有狗蠅、螞蟻、蚤蝨、蚊虻，是皆無性，聚散皆適然也，而朋噆人，使人憒耗。治之如何？法不得殄滅，但用冰一柈，置高屋上，則蠅去。又煉猛火自燒田，則亂草不生，亂草不生，則無所依，無所依，則一切蟲去。祝曰：蚊虻！蚊虻！汝非欲來而朋來，汝非欲往而朋往，吾悲汝無肺腸，速去！吾終不汝殄傷。……述捕狗蠅螞蟻蚤蜰蚊虻第三。（註三二）

第一捕是指好諂媚權勢，而誹謗忌才者，第二捕是指剛愎狠戾，忘恩欺柔者，第三捕卻是憐憫那些無知無識，爲人使喚的嘍囉。三捕都是譏詆清廷之吏胥，滿佈人宇，卻無達識，忌才害賢，趨炎附勢，終至一日將被無形之大勢力「捕」斃耳。

自珍文字的或涼或煥、或隱或顯，往往似此。自珍不僅具先睹之識，而且用世心切，屬意深邃，加以文采縱橫，恢宏幽眇，又與《公羊》微言表裡映現，發爲文字，自是立言高妙，含蘊深厚。他有《尊隱》一文，用「後史氏」的眼光，對清廷之漸暮，發出狂吼的警告，說：

日有三時，一曰蚤時，二曰午時，三曰昏時。……日之將夕，悲風驟至，人思燈燭。……丁此也以有國，而君子適生之；不生王家、不生其元妃嬪嬙之家、不生所世世豢之家，從山川來，止于郊。……人功精英，百工魁傑所成。如京師，京師弗受也，非但不受，又裂而磔之。……則京師之氣洩，京師之氣洩，則府于野矣。如是則京師貧，京師貧，則四山實矣。……京師賤，賤，則山中之民，有自公侯者矣。如是則豪傑輕量京師，輕量京師，則山中之勢重矣。如是則京師如鼠壤，如鼠壤，則山中之壁壘堅矣。京師之日短，山中之日長矣。風惡、水泉惡、塵霾惡。山中泊然而和，洌然而清矣。人攘臂失度，啾啾如蠅虻，則山中戒而相與修嫺靡矣。朝士寡助失親，則山中之民，一嘯百吟，一呻百問疾矣。朝士僝焉偷息，簡焉偷活，側焉徨徨商去留，則山中之歲月定矣。……俄焉寂然，燈燭無光，不聞餘言，但聞鼾聲，夜之漫漫，鶡旦不鳴，則山中之民，有大音聲起，天地為之鐘鼓，神人為之波濤矣。(註三四)

自珍一生居京師逾三十載，飽覽社會之黑暗面。他一方面憧憬著承平治道；一方面卻不得不對清廷之腐敗，箴砭再三。他將清之將晚比喻成日之將夕，悲風驟至，故君臣昏貪，不識重器，不知良才。縱有適世之英才出，亦不往京師，而往山野。如此則京師如鼠壤，蠅虻簡偷孱息；然「山中之民」卻已修嫺團結，一嘯百吟，一呻百問疾矣。在此京師粉飾太平、鼾聲睡意，不聞雞鳴之漫漫長夜，寂然無聲，燈燭無光。俄而忽有大音聲起，天地為之鐘鼓，神人為之波濤，而清之朝脈，荒忽飛揚化而為泥沙矣。這是自珍對暴風雨將臨的預測之言，所謂：「探世變也，聖之至也」。(註三五)自珍抱掩世之才，具先睹之識，不僅對清廷之弊端，集筆鋒之健以擊斥之，更預睹到「山中之民」將使天地之風雲變色。《公羊》微言之「微」，自珍亦「微」言矣。(註三六)

學者論政，自雍乾以降即少有及之者。包、管諸人雖約略言及，然只限於風氣、制度之片面。自珍則從人才培養，風氣廉恥，深究到專制君權的核心，更預為清之將亡敲喪鐘矣。道咸以降，學者多喜譏議時政，自珍誠開風氣之先。

第二節　經濟重農思想

在晚清諸多社會弊端中，經濟問題實居重要地位。早在嘉慶初期，自珍已注意到此一問題，並提出具體之改革建議，及根本之救治方法。自珍在議評時政之中，曾對官吏待遇之薄菲，三致嘆息，並說「內外大小之臣，具思全軀保室家，不復有所作爲」，乃是「貧累之也」。又說古人並不以言富爲恥，周公亦富。（註三七）可見他已注意到衣食不足的社會，是不能夠談禮義的。況且「據亂世」之政策，即以「食貨」爲首要。（註三八）於是自珍提出他的經濟「重農求富」論。

自珍首先討論到當時的經濟問題實包含二項內容：一爲食、一爲貨。「貨」的危機的出現，是其來有自的，故可用政策性的改革解決；然經濟問題的根本解決，卻有待「食」的問題的解決。因此「食」又重於「貨」。（註三九）

先論他對「貨」的主張。自珍首先追究到清季貨幣危機的出現，和朝廷的徵歛及鴉片的輸入，有相當密切的關聯。他說：

> 近年金空虛，大吏告民窮，而至尊憂帑匱。……食誠絀，而貨之不獨盈也又久。不覩伐金者乎？伐者化。不覩挾金市海者乎？市海者潰。有所化，有所潰，有所不反，夫又有所鬱也。今金行名尊而實耗，用博而氣鬱。耗者莫禁于下，鬱者莫言于上，皆守眉睫之間，而不見咫尺之外，失金之情者也。（註四〇）

又說：

> 其潰者，其縱之者咎也；其鬱者，其鑰之者咎也。（註四一）

自珍認爲「貨」之存於天地間，「埋之土中，取之土中；投之水火，取之水火」，雖有千萬不均，其在天地間則皆均。然則，今日貨幣危機之至於「其敝也，貝專車不得一匹廡，有金一斛不糴掬粟。又其敝也，丐夫手珠玉，道殣抱黃金。知黃金珠玉之必無救也。」（註四二）其因何在？自珍認爲這是「潰」之者與「鬱」之者之罪也。所謂「潰」乃指「市海者」，市海之意即指鴉片之輸入造成白銀外流。所謂「鬱」乃指「鑰之者」，鑰之者即指朝廷之徵斂賦稅，藏幣銀於庫。清之賦收，蓋以銀兩爲計，故富者多斂泉貨，而貧者每需以實物折銀，以納賦稅，遂使貧者愈貧。其次，鴉片輸入對晚清白銀外流，造成最嚴重的原因，同時鴉片輸入，也造成中國經濟的入超。故此，自珍提出改革的辦法：

一是流通貨幣。他說：

> 夫貨，未或絀也，未或毀也。以家計，患其少。以域中計，尚患其多。……人主者，會天地之間之大勢，居高四呼。博貨之原，則山川効之；嗇貨之流，則官司鑰之。……貨在宮中，鬼神守之；貨在朝野，吏民便之。……百家之城，有銀百兩、十家之市，有錢十緡；三家五家之堡，終身毋口畜泉貨可也。畜泉貨，取其稍省負荷百物者之力，便懷袛而已。（註四三）

又說：

> 古之治金，行亦必有道矣。道如何？曰：宮府弗分，受其福，不受其權，然後察十等之有無而劑之氣。（註四四）

又說：

近年財空虛，大吏告民窮，而至尊憂帑匱，……是以古之大人，謹持其源而善導之氣。（註四五）

貨幣的鑄製，本意即在方便攜帶。倘是朝廷鑰鑾之，不使流通，而鎖於宮中，則金氣不暢，而庶民不便。故自珍主張應「善導其氣」並「調劑有無」，使貨幣流通，以暢金氣。是其「流通貨幣」之主張。

其二曰：嚴禁鴉片。自珍在〈送欽差大臣侯官林公序〉中，對食妖、服妖之民，深致「繯誅」之意，曰：

今銀盡明初銀也。地中實，地上虛，假使不漏于海，人事火患，歲歲約耗銀三、四千兩，況漏于海如此乎？……鴉片煙則食妖也，其人病魂魄，逆晝夜，其食者宜繯首誅！販者、造者，宜刎脰誅！兵丁食宜刎脰誅。……食妖宜絕矣。……杜之則蠶桑之利重，木棉之利重，蠶桑、木棉之利重，則中國實。（註四六）

鴉片自十九世紀初輸入中國，至十九世紀二十年代，平均已年入四千箱，白銀流出四、五百萬；至鴉片戰爭時，已逾白銀二千五百萬餘，二十餘年間增加五倍，其所造成之經濟危機可知。（註四七）且吸食鴉片者，病衰體虛、晝夜顛倒，故自珍力主宜繯首誅，是其「刑亂邦須用重典」之意。（註四八）如此一來，鴉片不入，則農物之利重，農物之利重，則中國之富指日可待矣。

貨幣問題的解決，只是經濟問題現象上的解決，而經濟問題之切要處，卻在「食」。自珍嘗言：「有匹婦之憂。……有人主之憂。匹婦之憂，貨重於食；……人主之憂，食重於貨」，（註四九）然而「食」之問題的解決，有賴於「求富」，而「天下之大富必任土」，（註五〇）故自珍重食求富的主張，遂建立在「農業」及「土地」問題的解決上。他建立了一套「農宗」制度，將農民依宗法的關係和土地緊密聯接，以促進「農業」並發揮「土地」功效。

自珍首先說明，生民和土地關係的本然性。曰：

古者未有后王君公，始有之而人不駭者何？……古之爲有家，與其爲天下，一以貫之者何？古之爲天下，恆視爲有家者何？生民不故，上哉遠矣。天穀沒，地穀茁，始貴智貴力。有能以尺土出穀者，以爲尺土主；有能以倍尺若十尺、伯尺出穀者，以爲倍尺、十尺、伯尺主；號次主曰伯。帝若皇，其初盡農也，則周之主伯歟？古之輔相大臣盡農也，則周之庸次比耦之亞旅歟？土廣而穀眾，足以芘其子。（註五一）

古代未有君王之設，純是天穀養民。後世有君王輔相之設，其初亦皆是農。因此，自珍認爲「天下之大分」，乃「先有下，而漸有上」，所以反對儒者之「自上而下」的宗法論，曰：

儒者失其情，不究其本，乃曰：天下之大分，自上而下。吾則曰：先有下，而漸有上。……是故本其所自推也，……本其所自名也。……儒者曰：天子有宗、卿大夫公侯有宗，惟庶人不足與有宗。吾則曰：禮莫初於宗，惟農爲初有宗。（註五二）

又說：

上古不諱私，百畝之主，必子其子。其沒也，百畝之亞旅，必臣其子。餘子必尊其兄，兄必養其餘子。父不私子則不慈，子不業父則不孝，餘子不尊長子則不悌，長子不贍餘子則不義。……農之始，仁孝悌義之極，禮之備，智之所自出，宗之爲也。（註五三）

既然民之初，盡爲農，則父之百畝，必傳其子，餘子必尊其兄，其兄必養其餘子，如此則仁、孝、悌、義之禮生，究其本乃因有「宗」之關係的存在。因此，自珍認爲宗法的出現，是由農業開始，故訂定「農宗」之制。分爲：大宗、小宗、群宗、閒民四等，大宗襲父田百畝，小宗田二十五畝，群宗田二十五畝，閒民無田，卻應佃於上三宗以治田。大宗佃五，小宗及群宗各佃一。如此則天下雖有無田之民，卻無爲盜、患飢之人。自珍深美此制，認爲「農宗」之制，乃「爲天下出穀」，而使「衣食之權重，而泉貨之權不重」。如此「則天下之本不濁，本清而法峻」，食妖、服妖之人皆得而誅，野無游民，天下無飢民，水土平而財粟足，則天下富矣。（註五四）

自珍不僅在內地著重農業以求富，更言徙民於邊疆以求富。他在〈西域置行省議〉中說，內地承乾隆太平之盛，人心慣於泰侈，風俗習於游蕩，不士、不農、不工、不商之人，十將五六，又有餐菸草、習邪說者，終至凍餒，亦不肯治一寸之絲、一粒之飯。不如徙此等之民於西域，使其開墾疆土，屯田以盡田力。如此一損一益，「人則損中益西，財則損西益中」，兩相洽調，足致中國之富。（註五五）

以上所論自珍經濟思想中，貨幣流通及鴉片禁入，只是針對表面現象的改革；而重農拓疆以求富，才是民生根本的救治之方。故吾人可言：自珍經濟思想是以重農爲本，而以求富爲的。晚清自強運動之內容，除「強兵」之外，更以「求富」爲要，自珍生數十年前，已先言及，其深識遠見可知。

第三節　變法與革命思想

自珍譏議時政，盱衡世局，深感清廷之諸多弊端，皆由於「一束於不可破之例」中，遂使科舉拔擢，不得眞才；資格用人，俊彥難登；法有羈縻，動輒得咎。致使政要之官以至卿士大夫皆於頌德之餘，書畫自娛，而不敢論議政事之弊。自珍將此種現象，譬之爲滿身疥癬的病體，沒有法子治療，祇好把四肢綁在獨木之上束縛著，停著不動，一任滿身疥癬之腐敗自然蔓延，而病者卻冥心息慮，且自美其名曰：「奉公守法」。他批評說：

> 人有疥癬之疾，則終日抑搔之，其瘡痏，則日夜撫摩之，猶懼未艾，手欲勿動不可得。而乃臥之以獨木，縛之以長繩，俾四肢不可以屈伸，則雖甚癢且甚痛，而亦冥心息慮以置之耳。何也？無所措術故也。（註五六）

人之有疾，尙且終日抑搔之，國之有疾，又焉可以長繩縛之、冥心息慮而置之，反倒自謂是「奉公守法」而不思救治？自珍又諷刺地用《公羊》三世的微言分析亂世治世之相彷彿，說：

> 世有三等。三等之世皆觀其才，才之差，治世爲一等，亂世爲一等，衰世別爲一等。衰世者，文類治世，名類治世，聲音笑貌類治世。黑白雜而五色可廢也，似治世之太素；宮羽淆而五聲

可鑠也，似治世之希聲；道路荒而畔岸隳也，似治世之蕩蕩便便；人心混混而無口過也，似治世之不議。左無才相，右無才史，閫無才將，庠序無才士，隴無才民，廛無才工，衢無才商，抑巷無才偷，市無才駔，藪澤無才盜。則非但尟君子也，抑小人甚尟。（註五七）

自珍這段文字實在高妙！他說明衰世的諸多現象，和治世相仿。如「黑白雜而五色廢」，似治世之「太素」；「宮羽淆而五聲鑠」似治世之「希聲」，「人心混混無口過」，似治世之「不議」。又說，非但朝中無才相、才史，縱使是野隴衢巷，亦無才偷、才盜；眞是非但少「君子」，連「小人」亦少。言外絃音，已直指清之將墮、衰亂不遠。自朝至野，一味混蒙，終將有「大薄蝕，大崩竭，起於膠固」耳。（註五八）自珍睠睠憂慼，不得不爲變法之倡。

自珍於年三十八〈上大學士書〉中即言：「自珍少讀歷代史書及國朝掌故，自古及今，法無不改，勢無不積，事例無不變遷，風氣無不移易。」（註五九）蓋自珍既治《公羊》，深取其《春秋》改制之義，有「禮樂三而遷，文質再而復」之說，（註六〇）喜言「天用順教，聖人用逆教；逆猶往也，順猶來也。……亂，順也。治亂，逆也。」（註六一）然而環視當今弊端之積，皆由於「順」教之極而不知用「逆教」救之之故。遂倡言變法。曰：

律令者，吏胥之所守也；政道者，天子與百官之所圖也。……爲天子者，訓迪其百官，使之共治吾天下，但責之以治天下之效，不必問其若之何而以爲治。……約束之，羈縻之，朝廷一二品之大臣，朝見而免冠，夕見而免冠，議處察議之諭不絕於邸鈔。部臣工於綜核，吏部之議群臣，都察院之議吏部也，靡月不有。府州縣官，左顧則罰俸至；右顧則降級至，左右顧則革職至。……官司之命，且倒懸於吏胥之手。彼上下其手，以處夫群臣之不合乎吏胥者，以爲例如是。……夫聚大臣群臣而爲吏，又使吏得以操切大臣群臣，……猶不能以一日善其所爲。……使奉公守法、畏罪而遽可爲治，何以今之天下尚有幾微之未及於古也？天下無巨細，一束之於不可破之例，則雖以總督之尊，而實不能以行一謀、專一事。（註六二）

自珍認爲，律令爲吏胥所守，只是些固定的條文與案例，但是導民治國訂定律令，則是天子、百官之職責。今卻一束於律令，使百官之行議，動輒得咎，而議察、議處之上諭不絕，百官稍有不愼則降級、革職。如此倒懸官司之命於吏胥之手，朝臣縱有英才，亦不敢專謀一事、專行一責，唯恐稍有左右之顧即觸犯律令遭受議處。如此之百司政官，又如何能挺身而出議論政事以圖國謀策？自珍思之，惟「更法」方能求其弊。曰：

今日雖略仿古法而行之，未至擅威福也。仿古法以行之，正以救今日束縛之病。矯之而不過，且無病，奈之何不思更法。……聖天子赫然有意千載一時之治，刪棄文法，捐除科條，裁損吏議，親總其大綱大紀，以進退一世。……內外臣工有大罪，則以乾斷誅之，其小故則宥之，而勿苛細以繩其身。將見堂廉之地，所圖者大，所議者遠，所望者深。（註六三）

法之更革，切忌以瑣屑科條而拘才，大罪得誅，但小過則宥。朝臣有權，方可行其專責、謀諸政事，也唯有眞才得擢，才能國治。倘是固拘於一祖之法而不知權變，則後世之「破壞條例者」，將有更甚於今耳。曰：

權不重則民不畏，不畏則狎，狎則變。待其敝且變，而急思所以救之，恐異日之破壞條例，將有甚焉者矣。（註六四）

自珍此言，實已警告清廷，法之積弊，終須有所更變，今日不變，自將有另一勢力出而「變」之耳。這後者的「變」字的意思，實已暗寓朝代「替革」。

自珍此一「變法」之說，倡言於年二十至二十三。至其年二十四、五時，雖仍汲汲爲一姓勸豫，然「革」的觀念已漸形成：

夏之既夷，豫假夫商所以興，夏不假六百年矣乎？商之既夷，豫假夫周所以興，商不假八百年矣乎？……拘一祖之法，憚千夫之議，聽其自陊，以俟踵興者之改圖爾。一祖之法無不敝，千夫之議無不靡，與其贈來者以勁改革，孰若自改革？抑思我祖所以興，豈非革前代之敗耶？前代所以興，又非革前代之敗耶？何莽然其不一姓也？天何必不樂一姓耶？鬼何必不享一姓耶？奮之！奮之！將敗則豫師來姓，又將敗則豫師來姓。易曰：「窮則變，變則通，通則久。」非爲黃帝以來六、七姓括言之也，爲一姓勸豫也。（註六五）

這段文字應分二層意義來看，自珍一方面言奮之奮之，且舉《易經》窮變通久乃「非爲六七姓括言之，爲一姓勸豫」；這「爲一姓勸豫」，就已明白指出，只要清廷能更法救弊，自能長存於天地，所謂黃帝以來六、七姓之更換，未必是上天所樂爲的。然而另一方面，卻又不得不舉出歷史上積弊不改的朝代的下場以警告清廷。如商之「革」夏，周之「革」商，甚至指出清之興起，亦是「革」前代之弊，而終言「與其贈來者以勁改革，孰若自改革。」這「贈來者以勁改革」的「革」字，已顯示出「積重難返」的唯一辦法，只有「改朝換代」了。尤其他在悲憑才士遭戮、求治不得遂轉而「求亂」時，說：

才者自度將見戮，則蚤夜號以求治，求治而不得，悖悍者則蚤夜號以求亂。夫悖且悍，且眀然瞷然以思世之一便己。……然而起視其世，亂亦竟不遠矣。（註六六）

「起視其世、亂不遠矣」，自珍似乎已預見到了這將來的「改革者」。他在〈尊隱〉一文裡，形容得更爲具體，所謂一旦「山中之民」以大音聲起，天地神人爲之助力，則京師鼠壤之地，終將「崩蝕」而王運去矣。（註六七）

自珍這種「贈來者以勁改革」，「後之破壞條例者」及「山中之民」的警語，無疑地是暗喻著將來的革命者，尤其他中年在〈農宗答問〉一文論及「不限田」之事，表現得更爲激烈，其〈答問第一〉說：

古豈有限田法哉？貧富之不齊，眾寡之不齊，或十伯，或千萬，上古而然。……大抵視其人之德，有德此有人，有人此有土矣。天且不得而限之，王者烏得而限之？……三代之季，化家爲國之主，由廣田以起也。（註六八）

上古之世即無限田之法，有德者即有人，有人者即有土。因此三代之季，能化一家之主爲一「國」之主的，都是有德廣田之人。〈答問第四〉又說：

問：既立農宗，又不限田，如此天下將亂。恐天下豪傑，以族叛，以族徙，以族降散，則如何？

答：此亡國之所懼，興王之所資也。（註六九）

在上一答問說明的是：有德廣田之人，乃是化一家之主爲一國之主的基本條件。因此這一答問說明「不限田」的目的，乃是因爲「土地」的廣狹，是無德「亡」國者之所「懼」，卻是有德「興」國者之所「資」。這一亡一興之間，自珍「革命」的思想實已呈現。尤其〈答問第五〉說：

問：天下已定，獨天下諸有田之大宗，不內租稅，奈何？內租稅而近京師，患其藏甲逼宗室，又奈何？

答：此視興王之德與力矣。全德不恃力，莫肯不服，其次用力。……力又不能徙之，則楚以三戶亡秦。（註七〇）

全德之王興，民莫肯不服。倘興王之德不足以御民，則須藉助於武力。若是力又不足以御之，則「楚以三戶亡秦」。一姓之德不足以得民卻妄爲國主時，則「改革者」出矣！「山中之民」之大音聲作矣！而自珍所謂「亂亦竟不遠矣」、「楚以三戶亡秦」，更無疑是預言終將有「革命者」出耳。自珍識見之深遠大膽可知。果然，自珍卒後十年，太平天國洪楊之亂興起，蔓延七省，費時十五年方才平定。這無疑是近代「革命」的先聲！（註七一）

綜觀自珍之經世思想，以其對專制君權的譏評，及首倡變法、暗寓革命，最具時代意義。尤其當嘉道之際，舉國方酣飫承平，自珍已傫然若不可終日，察微之深，識見之遠，衆醉獨醒，當世莫之能匹。

【註釋】

註　一　《全集》第一輯，〈乙丙之際塾議三〉，頁二至三。

註　二　同上，〈明良論三〉，頁三三。

註　三　上句見《全集》第五輯，〈上大學士書〉，頁三二一；下句見〈在禮曹日與堂上官論事書〉，頁三二八。

註　四　同書第一輯，〈明良論一〉，頁三〇。

註　五　同註三。

註　六　同書〈明良論三〉：「今之士進身之日，或年二十至四十不等，依中計之，以三十爲斷。翰林至榮之選也，然自庶吉士至尚書，大抵須三十年或三十五年；至大學士又十年而弱。非翰林出身，例不得至大學士。而凡滿洲、漢人之仕宦者，大抵由其始宦之日，凡三十五年而至一品，極速亦三十年。賢智者終不得越，而愚不肖者亦得以馴而到」，頁三三。

註　七　同前文，頁三四。

註　八　同前文，頁三三。

註　九　同前文，頁三三至三四。

註一〇　同書第一輯，〈對策〉，頁一一六。

註一一　詳〈明良論二〉、〈明良論三〉。

註一二　同書第一輯，〈明良論二〉，頁三一。

註一三　同前文，頁三二。

註一四　同書第一輯，〈乙丙之際箸議第九〉，頁六至七。

註一五　同上，〈明良論二〉，頁三一。

註一六　同上。

註一七　同前文，頁三一。

註一八　同書第一輯，〈古史鉤沈論一〉，頁二〇。

註一九　同上，〈明良論一〉，頁二九。

註二〇　同前文：「魯論曰：『季氏富於周公』，知周公未嘗不富矣」，頁三〇。

註二一　同上。

註二二　本段文字之引文具見同上。

註二三　《全集》第一輯，〈京師樂籍說〉，頁一一七至一一八。

註二四　同上，〈乙丙之際塾議第二十五〉，頁一二。

註二五　自珍受謗事，始末未詳，惟〈與吳虹生書二〉及〈癸未編年詩〉中可略見，見《全集》第五輯，頁三四八；第九輯，頁四六六至四七〇。

註二六　參考《全集》第五輯，〈上大學士書〉，頁三一九。

註二七　同上，〈與人箋〉，頁三四四。

註二八　引文具見《全集》第一輯，〈對策〉，頁一一六。

註二九　同書第二輯，〈杭大宗逸事狀〉，頁一六一。

註三〇　同上，〈書果勇侯入覲〉，頁一七七。

註三一　詳第三章。前人討論自珍「賓賓」思想者，請參看：錢穆，《中國近三百年學術史》，頁五四三至五四五；侯外廬《近代中國思想學說史》（香港：生活，一九四七）下冊，頁六二七至六二九；陸寶千，〈清代的公羊學〉，收入氏著《清代思想史》（臺北：廣文，一九七八），頁二六一。與此諸人持異議者有周啓榮，〈從狂言到微言—論龔自珍的經世思想與經今文學〉，收入《近世中國經世思想研討會論文集》，（中央研究院近代史研究所編，臺北：中研院近史所，一九八四）。

註三二　《全集》第一輯，〈涼燠〉；「子之言何數涼而數燠也？告之曰：吾未始欲言也。吾言如治疾，燠疾至，涼之；涼疾至，燠之」，頁九〇。

註三三　同上，〈捕蜮第一〉、〈捕熊羆鴟鴞豺狼第二〉、〈捕狗蠅螞蟻蚤蜰蚊虻第三〉，頁一三二至一三三。

註三四　同上，〈尊隱〉，頁八七至八八。

註三五　同上，〈乙丙之際箸議第九〉，頁七。

註三六　自珍〈己亥雜詩〉有「少年尊隱有高文」之句，足見其自得意於此作。

註三七　具參見《全集》第一輯，〈明良論一〉，頁三〇。

註三八　詳第四章。有關自珍社會經濟思想之討論，亦參看陸寶千撰，《龔自珍》，見《中國歷代思想家》（臺北：

商務，一九七九）第四一冊。

註三九　《全集》第一輯，〈乙丙之際塾議第十六〉：「有匹婦之憂，……有人主之憂。匹婦之憂。貨重於食，……人主之憂，食重於貨」，頁七。

註四〇　同上，〈附：乙丙之際塾議一〉，頁一至二。

註四一　同上，〈乙丙之際箸議第一〉，頁一。

註四二　同上，〈乙丙之際塾議第十六〉，頁七至八。

註四三　同上。

註四四　同註四〇，頁二。

註四五　同註四一。

註四六　《全集》第二輯，〈送欽差大臣侯官林公序〉，頁一六九。

註四七　參考侯外廬，《中國思想通史》（臺北，中國史學社影印本），第五卷第三編第一節。

註四八　同上。

註四九　同註三九。

註五〇　《全集》第三輯，〈陸彥若所著書序〉，頁一九六。

註五一　同書第一輯，〈農宗〉，頁四九。

註五二　同上。

註五三　同上。

註五四　本段引文暨農宗四等之制，皆出自《全集》〈農宗〉一文。其餘論述並參考同書〈平均篇〉，頁七八至八〇。

註五五　詳《全集》第一輯，〈西域置行省議〉，頁一〇六。

註五六　同上，〈明良論四〉，頁三四。

註五七　同上，〈乙丙之際箸議第九〉，頁六。

註五八　同上，〈壬癸之際胎觀第四〉，頁一六。

註五九　同書第五輯，〈上大學士書〉，頁三一九。

註六〇　同書第一輯，〈古史鉤沈論四〉，頁二八。

註六一　同上，〈壬癸之際胎觀第五〉，頁一六至一七。

註六二　同上，〈明良論四〉，頁三四至三五。

註六三　同前文，頁三五至三六。

註六四　同前文，頁三五。

註六五　同書第一輯，〈乙丙之際箸議第七〉，頁五至六。

註六六　同上，〈乙丙之際箸議第九〉，頁七。

註六七　詳參註三四引文。

註六八　《全集》第一輯，〈農宗答問第一〉，頁五四。

註六九　同上，〈農宗答問第四〉，頁五五。

註七〇　同上，〈農宗答問第五〉，頁五五。

註七一　認爲自珍具有「革命」之思想者，有侯外廬，《近代中國思想學說史》，頁六二八；陸寶千，〈龔自珍的社會政治學術思想〉，《中華文化復興月刊》，十一卷三期（一九七八）；朱傑勤，《龔自珍研究》（臺北，商務，一九六六），頁一〇至二三。持反對看法者，有錢穆，《中國近三百年學術史》，頁五三三；孫廣德，〈龔自珍的經世思想〉，收入《近世中國經世思想研討會論文集》；及前舉周啓榮，〈從狂言到微言〉一文。

結論

綜上所論：「一以貫之」是自珍學術思想之總綱。由此總綱，其經、史學得以貫通，經世思想亦得以發揮。

自珍雖是段玉裁的外孫，自幼即習文字音韻之學，然其早年持論已留心治道人心，故對乾嘉專尚考覈的治學態度有所不滿，而欲爲聖人「文質兼備，本末兼具」之學。自珍嘗謂：「聖人之道，一以貫之，有制度名物以爲之表，窮理盡性以爲之裹；訓詁實事以爲之跡，知來藏往以爲之神」。故他批評樸學專尚考覈的工夫，只是「道問學」，只是聖人之道之「階」，而非聖人之道之全體。但自珍並非反對乾嘉樸學，他極客觀地承認乾嘉樸學的價値，並對樸學家治經態度的謹嚴，及仁孝忠悌的修爲表示欽崇。他只是一再強調聖人之道須是本末兼具，循本至顚，切不可偏執一端。他曾說：「聖人之道，循問學之階以上達於性道治天下」，故此自珍對樸學家但治詁訓，對凡言及性道與治天下者，皆「拱手避謝，但稱以俟來者」的態度有所不滿。而謂：文字詁訓「足以慰好學臚古者之志，不足以慰吾擇於一之志」。遂宣稱不能寫定群經，而轉其志爲「擇於一」，欲循問學之階以上達於「性道治天下」。

自珍既以「性道治天下」爲其學術思想之極致，故治經重其「大義」，治史尊「史之心」。其所謂經之義，非是文字之義，而是「微言大義」；其所謂史之心，非是文字褒貶，而是「史事活用爲鑑之精神」。自珍雖有「治經重義」、「治史尊心」二說，然其經、史之間，及經之義、史之心之間，是相互貫通，二者爲一的；並在此貫通下，使自珍「上達於性道治天下」的思想，更聚焦於「經世」。

欲明自珍經、史貫通之意，須先明瞭其「尊史」之旨。自珍嘗謂：「史存周存，史亡周亡」，史之存亡乃國之存亡之所繫。而史之所存，不僅存當代之典章制度，更爲後世革窮救弊之借鏡；三代諸王多備存數代之禮樂，其意即此，故倡尊史。而其所謂之尊史，非是尊史之文字，而是「尊史之心」。自珍尊史之心之意，乃在欲讀史者有「善入善出」的態度，能對歷代興革之利弊，制度之得失深入觀察瞭解，而後又能以高情至論出之，並審析當世之勢，作爲施政救弊之定奪。也就是說在入出史事之際，擷取到史的精神，使成爲今日施政之借鑑。

至於經、史相貫通之說，自珍嘗謂：「三尺童子，暓儒小生，號爲治經則道尊，號爲學史則道詘，此失其名」，欲正其名，自先探溯於經、史之源。自珍首先說明：「三代以上，無文章之士，而有群史之官」，舉凡一切語言文字、典籍禮樂皆存於史；又說「經之名，周之東有之」，故後儒所稱之六經，皆是三代之史。這就是他「五經皆史」的主張。

明白自珍「尊史之心」之意，又明白自珍「五經皆史」之論，則對其經、史一貫之主張，便更能了然。蓋自珍「五經皆史」之意，乃是將史學含括了經學，用治史的態度治經，說明經之義，要在史的精神上予以發揮，方才是得到經書眞精神之所在；否則經之義，只是文字之義，而非聖人一以貫之之意。因此自珍所謂之經，即是史；所謂之經之義，即是史之心，二者相互貫通。而其貫通之指歸爲何？自珍又言：「出乎史，入乎道」。自珍此處之「道」，即是聖人「一以貫之」之道，亦即是「上達於性道治天下」之道，簡言之即是「經世」之道。自珍認爲經學與史學，都必須在實際的政事上發揮興革救弊之「用」，才可稱作是得到經、史的眞精神；若是只致力於文字、史事，僅可視爲得聖人之道之「階」，只是本而不是「顚」。故自珍經、史相貫通之旨，乃是欲循問學之階上達於「致用」的目的。這就是自珍的「經世思想」。

然自珍之「經世思想」，擴充成一具體且積極之經世內容，則有待於「公羊思想」的活用。自珍嘗從劉逢祿治公羊春秋。常州學派治經刊落名物，獨尋微言大義於語言文字之外。自珍既治公羊，又喜言三世，遂以「三世」觀比附群經，認爲五經皆有據亂、升平、太平之治亂階段；又將「三世」觀與聖人終始治道相配合，將據亂、升平、太平三世，與「始乎飮食、中乎制作，終乎聞性與天道」之終始治道的次第相配合，使成爲「食貨者，據亂而作也。祀也、司徒、司寇、司空也，治升平之事。賓師乃文致太平之事」，用以說明三世治亂之政事次第：據亂世，政事以食貨爲首要；升平世，政事以制作爲首要；太平世則賓師文致生而上合於天命性道。又徧引群經證明此說，認爲五經皆含有此一終始治道之次第。如此則五經皆有三世，而三世又各有其所宜專重之政事。至此，自珍遂將五經治道之次第—食貨、制作、聞性與天道；與三世治亂之次第—據亂、升平、太平緊密配合，而使其經世思想成爲「具體」且「積極」的高度可行性。亦即是使得治道隨食貨、制作的次第，而能循據亂、升平、上達於太平。此即是自珍「公羊思想」，在其「經世思想」上，所做的貢獻。

自珍公羊學，不僅在其自身學術思想之發展上有一特殊意義，在常州學派的發展上，亦居有突出的地位。常州公羊學始於莊存與，樹立於劉逢祿，至龔、魏而後方廣衍天下，儼然匯成晚清學術主流。此其間自珍所居之地位非常重要。蓋常州公羊學在莊存與時，僅只是重取微言大義，既不斥左、穀，亦不爭今、古文之眞僞；至劉逢祿始明白排斥左、穀，獨尊公羊，又有意上復今文群經；迨至魏源則主張上復西漢今文詩、書，排斥東漢古文詩、書，謂其爲僞作。流衍所至，遂有晚清今、古文經之爭。再者，莊、劉、魏諸人治公羊，有一特色，即是特重「條例」，尤以劉氏爲最，全用歸納的方法，整理辨析公羊之義例。然孔子作春秋，有其「經世」之志。今莊、劉諸人以條例治春秋，是但得春秋文字之義，而非眞能發揮公羊微言之精神。自珍之治春秋，既不鑿鑿於條例之辨析，亦不爭今、古文經之眞僞，更未高倡上復西漢今文經之主張，獨獨善刺取春秋之微言大義，並加以靈活運用於評議時政上。如以三世觀解五經，以三世觀言治道，而使經之文字之義，與實際民生制作密切配合，又舉公羊微言以譏詆時政，完全改變以往論公羊於典籍的態度，使成爲論公羊於時政。晚清今文學家，每喜引公羊之微言以論政，此一風氣，自珍實開啓之。自珍之公羊學對常州學的發展而言，是大大地推進了一步。一言以蔽之，即是：轉「論學」爲「論政」。

自珍對公羊學的取舍，是有其「別識心裁」的。他並不汲汲於建立一套條例清晰的體系，亦不爭今、古文之眞僞；而是採取直捷擷取的方式，將公羊中的二、三「微言」，眞接比附在他個人的「經世思想」上，使其經世思想有更具體積極的內容。這在他三世觀的活用，及五經大義終始論中，已顯然可見。

自珍學術思想之極致是「經世」，而其經世思想之具體表現，則在「議政」。自珍生嘉道清勢日陵，衰象漸呈之際，又抱曠世之才，具先睹之識，兼居京師約三十載，對當時朝廷士大夫之習氣，及法令之苛繁，資格用人之限才；造成「老成」當道，君權獨尊，朝綱不振，人才不出等弊端，深感憤懣，遂放言譏詆。他認爲士大夫的無恥，是因爲君待臣之無禮；政要之官的貪歛，是因爲朝廷制俸太過菲薄；而人才不出、媚風熾張，都是因爲君權過尊，造成的斲傷。他譏刺清廷三跪九叩的朝儀，言：君以犬馬待臣，則臣以犬馬自爲。自珍意將清廷之弊端，歸罪於專制君權的過尊，及君待臣之苛酷，這種言論在當時眞可謂驚世駭俗。自珍用世心切，察微識深，遂盱衡世局首倡「變法」，並謂歷來朝代之更革，皆可謂是以變法救前朝之弊。自珍倡導變法之初，猶汲汲爲一姓勸豫，期望清廷能自振朝綱，然而事實上，清之積弊已深，又不思救治；加以自珍仕途蹭蹬，壯志難伸，遂一轉其變法之志，悖悍求亂，而有待於「山中之民」的興起，儼然指清之王運將去。果然，自珍卒前一年鴉片戰爭爆發，卒後十年太平天國洪楊之亂起，清之王運衰竭，無力自振，「去」竟不遠矣。自珍議政理論的發揮，是其經世思想的具體表現，也是他身處嘉道初秋之世，發表的最具時代意義的言論。

綜上所論，自珍學術思想之總綱是「一以貫之」，也就是「循問學之階，以上達於性道治天下」。聖人之道的極致在「性道治天下」，自珍以此自任。首先，他在「五經皆史」的思想下貫通經、史之學，建立了一己的經世思想；其次，援引公羊「三世」微言比附五經之終始治道，使其經世思想富有積極的具體內容；同時在實際的政論上，發揮了他的經世思想。清儒自雍乾以來即少談政治，嘉道以還堅冰乍解，始稍有論及者；然最能深切揭露清廷之弊端，倡言變法以救危亡者，自珍實爲開風氣之一人。

綜觀自珍之學術思想及其具體表現，誠可謂是循本而至顚矣。

自珍學術思想之貢獻誠屬多方面。其公羊思想的活用，不僅使常州學邁進一大步，亦開啓晚清今文家援經議政之風。而「諸子周史之小宗」論，探源吾國學術源流、提高子學地位；晚清子學之再興，自珍亦有功焉。及其自身雖受文字音韻之家學，及今文公羊之師承，卻能裁決取舍，不偏執問學之一端，亦不落入今、古文之爭；而能盱衡世局，審析時勢，在治道人心之切要處建立一己之經世思想，發揮極具創意之經世理論。在乾嘉世變日亟、學風轉易之關鍵上，自珍思想所具之時代意義誠不可忽視。

引用及參考書目

皇清經解　阮　元編　復興書局

左傳會箋　廣文書局

公羊義疏　陳　立　中華書局

穀梁注疏　范　甯　藝文印書館

春秋繁露　董仲舒　中華書局四部備要本

清史列傳　四庫善本叢書館影印

續碑傳集　繆荃孫纂錄　文海出版社影印

碑傳集補　閔爾昌纂錄　文海出版社影印

兩浙𬨎軒續錄　潘衍桐訂　光緒十七年刊本（臺灣大學研圖藏）

清儒學案　徐世昌等編纂　中華大典編印會　國防研究院

國朝漢學師承記　江　藩　中華書局四部備要本

定菴全集　龔自珍　中華書局四部備要本
龔自珍全集　龔自珍　河洛圖書出版社
原抄本日知錄　顧炎武　文史哲出版社
戴東原集　戴震　商務印書館四部叢刊本
原善　戴震　藝文印書館影印（叢書集成三編）
章氏遺書　章學誠　漢聲出版社影印
味經齋遺書　莊存輿　光緒八年刊本（臺灣大學文聯藏）
左氏春秋辨證　劉逢祿　樸社出版
復初齋文集　翁方綱　文海出版社影印（近代中國史料叢刊）
鮚埼亭集　全祖望　商務印書館四部叢刊本
述學內外集　汪中　中華書局四部備要本
大雲山房文稿　惲敬　嘉慶廿年刊本（臺灣大學文聯藏）
過庭錄　宋翔鳳　廣文書局影印
洪北江詩文集　洪亮吉　商務印書館四部叢刊本
柏梘山房文集　梅曾亮　華文書局影印（中華文史叢書）
藝舟雙楫　包世臣　商務印書館

安吳四種　包世臣　文海出版社影印（近代中國史料叢刊）

古微堂內外集　魏　源　文海出版社影印

海國圖志　魏　源　成文出版社影印

檢　論　章炳麟　廣文書局

漢學商兌　方東樹　商務印書館

康南海先生遺著彙刊　康有爲　宏業書局

經學歷史　皮錫瑞　河洛圖書出版社

經學通論　皮錫瑞　商務印書館

公羊家哲學　陳　柱　力行書局

經今古文學　周予同　商務印書館

中國經學史　馬宗霍　商務印書館

中國學術思想變遷之大勢　梁啓超　中華書局

中國近三百年學術史　梁啓超　中華書局

清代學術概論　梁啓超　商務印書館

中國近三百年學術史　錢　穆　商務印書館

中國史學史　金毓黻　國史研究室編印

中國思想通史　侯外廬主編　中國史學社
近代中國思想學說史　侯外廬　人民出版社
清代通史　蕭一山　商務印書館
清代史　孟　森編著　吳相湘校讀　正中書局
章實齋先生年譜　胡　適　商務印書館
人間詞話　王國維　開明書店
談藝錄　錢鍾書　明倫出版社
春秋辨例　戴君仁　中華叢書編審委員會印
尙書釋義　屈萬里　華岡出版部印行
詩經釋義　屈萬里　華岡出版部印行
中國近百年政治史　李劍農　商務印書館
晚清政治思想史　王爾敏　學生書局
論戴震與章學誠　余英時　香港龍門書局
歷史與思想　余英時　聯經出版事業公司

清代雍正朝的養廉銀研究　日佐伯富著　鄭樑生譯　商務印書館
中國近代思想史論叢　余英時等　正中書局
龔定菴研究　朱傑勤　商務印書館
中國近代史論叢　李定一等編纂　正中書局
從公羊學論春秋的性質　阮芝生　臺灣大學文史叢刊
龔自珍先生年譜　王壽南　大陸雜誌十八卷七、八期
龔定菴思想之分析　錢穆　國學季刊五卷三期
晚清諸儒之學術與學風　錢穆　新亞生活二卷五期
龔定菴的思想　何佑森　故宮文獻一卷一期
康有爲之思想　吳康　孔孟學報第一期
龔自珍的認識　孫甄陶　大學生活一卷五、六期
龔定菴評傳　林斌　暢流三七卷十期
龔定菴與陳蘭甫——晚清思想轉變的關鍵　牟潤孫　新亞生活五一年四月廿七日
清代公羊學之演變　陸寶千　廣文月刊一卷四期

龔定菴的建設新疆計劃　張存武　思與言二卷一期

清乾嘉時代之歷史考證學　杜維運　大陸雜誌特刊第二輯

從狂言到微言—論龔自珍的經世思想與今文學　周啓榮　近世中國經世思想研討會論文集

龔自珍的經世思想　孫廣德　近世中國經世思想研討會論文集